Highlights
KUBA

DIE 50 ZIELE, DIE SIE GESEHEN HABEN SOLLTEN

Highlights
KUBA

Holger Leue
Jochen Müssig

BRUCKMANN

Inhaltsverzeichnis

Uncle Sam ante portas 14

Havanna

1 **Malecón** – Spaziergang durch Kubas Seele 20
2 **Havannas Altstadt** – Pulsierendes Leben 26
3 **Capitol** – Macht und Pracht 34
4 **Plaza de la Revolución** – Faust nach oben 36
5 **Hemingways Havanna** – Bars und Inspiration 40
6 **Havannas Festungen** – Die mächtigen Fünf 44
7 **Hotel »Nacional de Cuba«** – Sterne mit Charme ... 45
8 **»Tropicana«** – Legendär abtanzen 48
9 **Callejón de Hamel** – Bühne frei 49
10 **Guanabacoa** – Das traurige Erbe 50
11 **Friedhof Cristóbal Colón** – Engel und Obeliske 51

Der Westen

12 **Valle de Viñales** – Einfach zauberhaft 54
13 **Die Tabakfelder** – So weit das Auge reicht 58
14 **Pinar del Río** – Lebendiger Stilmix 60
15 **Soroa** – Farbenfrohe Orchideen 61
16 **Nationalpark Guanahacabibes** – Paradiesisch 62
17 **Cayo Levisa** – Korallen und Puderzuckersand 63

Die Mitte

18 **Varadero** – Das Zentrum der Urlauber 66
19 **Playas del Este** – Der Treffpunkt der Kubaner 72
20 **Cárdenas** – Heldenstadt 73
21 **Matanzas** – Ewig jung 74
22 **Cayería del Norte** – Königlich 76

(V.l.n.r.) Die Strände gehören zu den besten im karibischen Raum, hier auf Cayo Coco. Der Tabak verzaubert bis heute die Aficionados weltweit. Die Fahrradtaxis nebst ihren freundlichen Fahrern gehören zu den witzigsten überhaupt. Kuba verfügt auch über wahre Kleinode wie etwa die Weltkulturerbestätte Trinidad im Süden der Insel. Bohnen (und Reis) gehören zu den wichtigsten Bestandteilen der kubanischen Küche. Stolzer Vater mit Tochter und Esel.

Das Tal von Viñales zählt zu den schönsten Landschaften der Karibikinsel.

23	**Cayo Guillermo e Santa Maria** – Urlaub pur	78
24	**Cayo Coco** – Traumhaft	82
25	**Gran Parque Natural Montemar** – Unberührt	86
26	**Isla de la Juventud** – Unter Wasser	87
27	**Cayo Largo** – Strandleben auf Kubanisch	88
28	**Bahía de Cochinos** – Geschichtsstunde	92
29	**Cienfuegos** – Süßer Reichtum	94
30	**Santa Clara** – Im Griff der Revolution	100
31	**Trinidad** – Welkulturerbe	102
32	**Sierra del Escambray** – Hoch hinaus	110
33	**Sancti Spíritus** – Auf Entdeckungstour	111
34	**Ciego de Ávila** – Im Zentrum	112

Der Osten

35	**Camagüey** – Kaffee mit Kolonialflair	116
36	**Playa Santa Lucia** – Ganz entspannt	120
37	**Bahía de Bariay** – Entdeckungsreise	122
38	**Cayo Saetía** – Im Naturzoo	123
39	**Guardalavaca** – Perfektes Blau	124
40	**Banes** – Indianer und Diktatoren	128
41	**Baracoa** – Ganz im Osten	130
42	**Guantánamo** – Weltbekannt	134
43	**Alejandro de Humboldt** – Im Nationalpark	138
44	**Gran Piedra e Baconao** – Seaworld auf Kuba	139
45	**Santiago de Cuba** – Musikalisch	140
46	**El Cobre** – Wundersam	146
47	**Sierra Maestra** – Versteck in den Bergen	150
48	**Playas las Coloradas** – Baden und mehr	154
49	**Bayamo** – Freiheit und Helden	156
50	**Holguín** – Schwarze Tränen	158

Register	162
Impressum	164

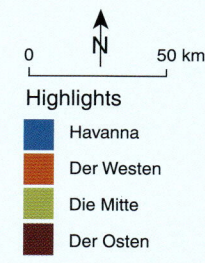

Das »Tropicana« ist seit 1939 ein Dauerbrenner. Glamourös, ein bisschen verrucht und immer schrill. Außerdem bringt es auch viele harte Devisen …

Gute Laune steckt an – im Taxi und fast überall auf der Insel (oben). Eine recht schrille und exzentrische alte Dame mit Zigarre (rechts) in Kubas Hauptstadt.

Uncle Sam ante portas

Eine Insel im Umbruch

Kuba befindet sich im Wandel. Seit Fidel Castro nach einer Art Interregnum 2006 als Staatspräsident offiziell zurücktrat, wird immer wieder die Frage aufgeworfen: Was passiert nach seinem Tod? Sicher ist schon jetzt: Auf der größten Karibikinsel bahnen sich enorme gesellschaftliche, wirtschaftliche und touristische Veränderungen an. Besonders seit die USA ihr Embargo aufgehoben haben.

Roberto Melanese liegt flach, den Kopf müde auf den Arm gestützt. Der Rumtester in der 1838 von der Bacardi-Familie gegründeten Fabrik in Havanna ist benebelt durch täglich zwei bis drei Liter Flüssiges: Auf Kuba wird Rum selbst beim Testen nicht ausgespuckt – kostbarer schon gleich gar nicht.

Auch Roberto Melaneses Heimat liegt »flach«, weil die Bacardis, DuPonts und andere Industrielle samt Kapital und Know-how 1959 die Zuckerrohrinsel verließen, nachdem der Rechtsanwalt Dr. Fidel Castro Ruz am 16. Februar jenes Jahres offiziell das Amt des Regierungschefs übernommen hatte. Weil John F. Kennedy keinen sozialistischen Staat in seinem Vorhof dulden wollte und 1962 die Wirtschaftsblockade verhängte. Weil knapp 30 Jahre später 10 000 Kilometer weiter östlich die kommunistische Lebensader versiegte und Sowjetunion-Nachfolger Russland die Geldleistungen kappte. Weil schließlich auch der 26. Juli 1993 keine entscheidende Besserung brachte. Castro proklamierte in einer seiner stundenlangen Reden die Dollar-, Handels- und Marktfreiheit. Aber geändert haben sich bis heute nur Kleinigkeiten im Alltag: ein privates Restaurant hier, ein offener Markt dort …

Einleitung

Fidel Castro bleibt auch nach seinem Tod Kult (oben). Magere Auswahl an einem Obst- und Gemüsestand (unten links). Posthum aufgestiegen zur Pop-Art-Ikone: Che Guevara wird bis heute bewundert (unten links).

Trotzdem: Es schien, als blühte ein zartes Pflänzchen namens Marktwirtschaft nun auch im politisch verstaubten und bürokratisch verkrusteten Kuba.

Euro statt Dollar?

Elf Jahre und knapp vier Monate später verbannte Fidel Castro jedoch den Dollar wieder: Seit 8. November 2004 ist er kein offizielles Zahlungsmittel im Land des Zuckerrohrs mehr. Die Nachricht – via Live-Sendung im Fernsehen verbreitet – hatte es in sich. Sie erschütterte die kubanische Gesellschaft in ihren Grundfesten. Jeder bangte: Was passiert jetzt mit dem Geldstrom der Exil-Kubaner aus Florida? Werden die üblichen Geldsendungen an die Familienmitglieder nach Kuba in den (damals so teuren) Euro umgetauscht? Und ist der Euro überhaupt in der Lage, die heimliche Geldreserve Kubas spielen zu können? – Er war dazu in der Lage und ist es bis heute. Die Zahlungen aus Florida flossen weiter. Denn immerhin verzichtete Castro darauf, den Privatbesitz des Dollars zu verbieten und Privatkonten anzugreifen.

Die kubanische Misere

Mit Fidels zunehmend schwerer Krankheit übernahm am 31. Juli 2006 der Vizepräsident das Ruder: sein Bruder Raúl Modesto Castro Ruz. Am 24. Februar 2008 wurde er offiziell zum Staats- und Ministerpräsident gewählt. Fidel Castro starb 8 Jahre später am 25. November 2016 und wurde nach mehrtägiger Staatstrauer in Santiago de Cuba beigesetzt.

Die Florida-Kubaner wollen aus ihrer alten ihre neue Heimat machen. Schließlich gehörten die Grundstücke der heutigen Hotelanlagen zu 80 Prozent ihnen. Es waren Eins-a-Lagen. Doch noch dominiert alle Joint Ventures – auch im Tourismus – mit mindestens 51 Prozent der kubanische Staat. Aber auch die daheim gebliebenen Kubaner sind auf dem Sprung: Alibert und Benz, Coke und Sony heißen die verführerischen Leitbilder, die noch schwer und sündhaft teuer zu bekommen sind. Jedes Produkt in einem Supermarkt, in dem man nur mit dem konvertiblen Peso, dem Cubano Convertible, abgekürzt CUC, bezahlen kann, kostet schließlich deutlich mehr als in einem x-beliebigen Geschäft in Deutschland. Die Hoffnung auf morgen basiert nicht mehr auf Fidel und seinen Durchhalteparolen. Hinter vorgehaltener Hand sagen viele, dass die USA Castro zum Mythos gemacht haben. Ohne das Embargo gäbe es seit dem Zusammenbruch des Ostblocks keine Revolutionsregierung mehr, weil Coca-Cola und Co. die letzte Bastion des Hardline-Kommunismus auf dem amerikanischen Kontinent längst eingenommen hätten. Man wird sehen, was jetzt, nach

Uncle Sam ante portas

Aufhebung des US-Embargos, passieren wird. Das kubanische System wackelt. Ist brüchig und morbide wie der Prachtboulevard von Havanna, der Malecón. Fragt man die Leute auf der Straße nach den Schuldigen für die Misere, bekommt man häufig zur Antwort: die Amerikaner natürlich. Aber genau sie werden wohl das Zepter in die Hand nehmen, wenn es um die Ära nach Fidel geht – und zwar mithilfe der Leute auf der Straße. Militärisch wie im Irak und in der Golfregion oder mit diplomatischem Druck wie in Guatemala und Mittelamerika wird Washington hier nicht vorgehen müssen. Der Markt wird es regulieren.

»Castro muss Kuba verlassen – ob in aufrechter Haltung oder horizontal, liegt bei ihm«, hieß es Mitte der 1990er-Jahre aus dem US-Senat (von Jesse Helms, dem damaligen außenpolitischen Sprecher). Heute weiß jeder: Fällt die Wirtschaftsblockade, füllen sich die Regale und die Menschen wählen nach Jahren der Entbehrung den Konsum. Uncle Sam ante portas bedeutet vor allem: Uncle Mc, Mr. Coke oder Kreuzfahrtkapitäne vor der Tür. Die ersten US-Cruiser haben jedenfalls schon angelegt.

Zukunft ohne Fidel Castro

Roberto Melanese ist aufgestanden. Er wankt ein bisschen, beantwortet die Frage nach seinem Alter beiläufig mit »45« und geht seiner Arbeit nach. Ein sieben Jahre alter Rum muss getestet werden. Er schlürft, spült den Alkohol in seinem Mund, schluckt bedächtig und sagt dann unvermittelt und zufrieden: »Ich habe ja meine Tochter im Tourismus.« Alina unterstützt ihn und die Familie, wie auf Kuba jeder Kofferträger den Arzt und jedes Zimmermädchen den Lehrer in der Familie unterstützt.

Den konservativen Exil-Kubanern werden zwar keine Chancen gegeben, politisch das Ruder zu übernehmen, aber ihre Finanzkraft ist willkommen. Sie sind schon jetzt mit ihren Geldüberweisungen an Familienangehörige eine mächtige Säule im Land. Und ihr Kapital wird wohl noch reichlicher fließen, wenn Fidel gestorben ist. Raúl, der jüngere Bruder von Fidel, lange Stellvertreter in allen seinen Ämtern, Musterknabe der Nation mit 99,9 Prozent Votum seiner Wählerschaft (Fidel brachte es zuletzt nur auf 99,3 Prozent …) wird sich nicht auf die letzten Linientreuen des Landes verlassen können. Für die Verteidigung der Segnungen des Systems, wie dem Gesundheits- und Schulwesen oder dem Gleichgewicht der Gesellschaft ist ein Mythos nötig. Aber Raúl ist kein großer Redner, kein Überzeuger, keiner, der Charisma hat. Raúl ist kein Mythos, sondern nur der Bruder von einem Mythos.

Kaum ein anderes Land wird so sehr mit Tabak und Zigarren (oben) in Verbindung gebracht wie Kuba. Offenbar zufrieden zeigt sich dieser Kunde mit der Arbeit seines Frisörs (unten rechts). Ein bisschen London in Havanna: Sightseeing im Doppeldeckerbus (unten links).

Ein Abend am Malecón ist, trotz der Baufälligkeit vieler Häuser, ein Erlebnis, das man nicht missen sollte (links). Kuba und Salsa sind untrennbar miteinander verbunden (oben). Castillo del Morro mit Kubas bekanntestem Leuchtturm an der Hafeneinfahrt von Havanna (unten).

Der beste Platz für Liebespärchen; aber auch Familien, Cliquen und Spaziergänger fühlen sich am Malecón wohl – besonders in lauer Abendstimmung (oben). In jedem Fall aber ist am Laufsteg der Hauptstadt gute Laune Trumpf, wie bei diesem Paar, das sich köstlich amüsiert (rechts).

1 Spaziergang durch Kubas Seele – Malecón

Wohnzimmer und Laufsteg

Malecón heißt, aus dem Spanischen übersetzt, eigentlich nur »Ufermauer aus Stein«. Die gleichnamige Straße und vor allem der Gehweg erzählen jedoch symbolisch den ganzen kubanischen Alltag von Last und Lust, von vergangener Pracht und realer Entbehrung, aber auch von Lebensfreude und Herzlichkeit. Wer den Malecón von Havanna versteht, der wird auch das ganze Land verstehen.

Auf dem vielleicht berühmtesten Propagandaschild Kubas ruft ein Militär in olivgrüner Uniform zum reichlich verärgerten Uncle Sam übers Meer: »Meine Herren Imperialisten, wir haben absolut keine Angst vor euch!« Die 15 Meter breite Tafel, stadtauswärts nach dem Hotel Nacional de Cuba auf Havannas Malecón aufgestellt, wirkt angesichts der Entwicklungen in den letzten Jahren schon beinahe wie eine Parodie. Touristen fotografieren die Plakatwand mit einem Augenzwinkern, und Kubaner schmunzeln darüber, denn Angst vor Coca-Cola, McD-Burger und texanischen Touristen hat auf Kuba nun wirklich niemand …

Die US Interests Section – die ständige Vertretung der Vereinigten Staaten – ganz in der Nähe war immer wieder Schauplatz bizarrer Propagandaveranstaltungen und von Kadern organisierter Demonstrationen. Knapp 20 Jahre lang brachen die USA sogar sämtliche diplomatischen Beziehungen ab, und die Schweizer übernahmen kommissarisch die Amtsgeschäfte. Seit 1977 sitzen die US-Diplomaten wieder im sechsstöckigen ehemaligen Botschaftshaus. Und seit Barack Obamas Präsidentschaft gibt es auch keine PR-Scharmützel mehr.

Der Malecón – eigentlich ist er doch nur eine Straße … Oder …?

Der Atlantik schwappt schon mal über die Kaimauer (oben).

Am Puls Havannas

Nein, der Malecón ist ein Zustand, an dem sich jeden Tag Stimmungen ablesen lassen: wie es um die politischen und gesellschaftlichen Beziehungen bestellt ist, aber vor allem auch, wie es den Menschen geht. Der Malecón ist Straße und Boulevard, Wohnzimmer und Schmuse-Parkbank, Treffpunkt, Sportplatz und Laufsteg – gewissermaßen für Propaganda und Prostitution. Der Malecón ist eine Art Hauptschlagader von Kuba. Und kaum eine andere Gegend übt größere Faszination auf die Besucher aus wie diese Uferpromenade.

Sie verbindet die Altstadt von Havanna mit dem modernen Regierungs- und Botschaftsviertel Vedado, das vor der Revolution bis 1959 für das sündige Treiben aus Musik, Kasinos und Sex bekannt war. Der Malecón ist gleichzeitig Havannas längste Straße mit rund acht Kilometern Länge, die Uferstraße mit Postkartenflair, besonders, wenn die Meeresbrandung heftig an die Kaimauern donnert und für starke Kontraste sorgt. Dann ist das Meer laut, übertönt jeden Knatterbus und den Rasenmäher-Sound der Mopeds. Und die Gischt sorgt dafür, dass es auch richtig nass wird.

An manchen Tagen wird sogar die sechsspurige Fahrbahn geflutet, und das Gesamtbild mit den maroden Häusern im kolonialen Stil im Hintergrund kann so schnell in ein Bild des drohenden Untergangs umschlagen.

Aber die Tristesse ist in Kuba immer nur eine Momentaufnahme. Denn bald scheint auch wieder die Sonne. Dann stellt man sich vor, wie schön dieser Malecón sein könnte. Liebespärchen strahlen sich an. Forsche Jungs springen im gefährlichen Flug über den Kai ins Meer. Alte Männer hocken auf der Ufermauer, süffeln Rum und spielen Schach. Ein Musikant gibt sein Bestes. Er singt von corazón und revolución. Ein paar Frauen tratschen, gehen spazieren, hören dem Gitarrenspieler zu. Angler versuchen ihr Glück. Dabei geht es ums Abendbrot, nicht um den Zeitvertreib. Ein Polizist schaut bürokratisch-streng. Ein Jogger schwitzt. Alles passiert unaufgeregt, aber trotzdem quicklebendig. Und die Touristen knipsen sich die Finger wund. Kein Urlauber würde

Spaziergang durch Kubas Seele – Malecón

jetzt behaupten, dass Havanna große Probleme habe.

Der Verfall der Häuser wird in diesen Momenten gern mit Patina beschrieben. Sie schwärmen dann von den Habañeros, ihrer Lust am Leben, und sie beneiden sie auch ein bisschen um ihre Sorglosigkeit. Schließlich geben sie dem Malecón-Musikanten großzügig einen CUC für seine Lieder, für den Liebeskitsch gleichermaßen wie für die Revolutionsromantik. Manchmal reicht das Blinzeln der Sonne, ein Blick auf den Atlantik – und die Probleme sind für kurze Zeit vergessen. Es ist eben alles eine Sache der Perspektive.

Ein Weltkulturerbe bröckelt

Einen Architekten würden weder Sonnenstrahlen noch Stimmungen blenden. Patina? Das ist der pure Verfall! So oder so ähnlich lautet das Ergebnis einer nüchternen Analyse der bis zu sechsstöckigen Bausubstanz entlang der acht Kilometer. Tatsächlich scheinen auf dem Malecón noch dieselben Häuser eingerüstet wie vor fünf, zehn oder 15 Jahren. Sogar das Gerüst scheint zuweilen schon vom Verfall bedroht. Köpfe schauen schon längst nicht mehr aus den Fenstern. Viele Fensterläden sind vernagelt. Balkone werden notdürftig abgestützt. Die Mauern haben Sprünge, der Putz bröckelt vor sich hin, und Grün spitzt aus den Spalten. Auch der Asphalt auf der Fahrbahn ist rissig. Nichts hat sich getan in den vielen Jahren. Um manche Häuser macht man sogar lieber einen großen Bogen, so einsturzgefährdet sehen sie aus.

Die Gründe dafür liegen auf der Hand: Sonne und Salz nagen an der Substanz, und der Sozialismus hat keine Mittel dagegenzuhalten, von einfachen Provisorien und ein bisschen Flickwerk abgesehen. Für eine strukturierte Sanierung fehlt ebenso das Geld wie für Neubauten. Von den Bürgern kann kaum Abhilfe erwartet werden. Es gibt zwar überall Souvenirs für Touristen, aber für die Kubaner sind die Regale meist leer. »Das Angebot ist überschaubar, die Einrichtung vieler Läden hat einen Hauch der späten DDR. Und anders als für die Touristen ist Einkaufen für Kubaner ziemlich teuer: Deren Durchschnittseinkommen liegt bei etwa 15 Euro pro Monat«, schrieb der *Spiegel* in einer Bestandsaufnahme treffend. Ein ambitionierter Fotograf erfreut sich natürlich an den Motiven, diesen Ruinen des Malecón, die er perfekt ins Licht und in Szene setzen kann. Beifall für den Fotografen, das sieht

Alles eine Frage der Perspektive: Havannas Altstadthäuser streben zum Himmel (unten), ein Boxer in einer Altstadtgasse sucht den Erfolg (oben).

Havanna

Wenn die Wellen höher schlagen, wird der Malecón zur Bühne, und alle schauen gebannt zu (unten). Die Leute angeln sich schon mal ihr Abendessen (oben). Oldtimer gehören zu Havanna wie Fahrräder zu China (rechts oben rechts). Der Malecón mal halbgriechisch, mal halb Miami (rechts oben links) und mit DeSoto-Cabriolet (rechts unten).

klasse aus. Aber Pfiffe für die Castros und ihre Kader, denn die Realität ist so traurig.

Seit 1982 gehört die Altstadt von Havanna (siehe Highlight 2) zum Weltkulturerbe – auch wegen der einstigen Prachtbauten am einstigen Prachtboulevard. Seitdem schaut auch die UNESCO dem sukzessiven Verfall zu. Mit der Proklamation zum Weltkulturerbe vergab sie ihr begehrtes, weil touristisch gesehen bestens zu vermarktendes Gütesiegel. Auf die Liste der gefährdeten Weltkulturgüter kam Havanna jedoch nicht.

Wie kann es nur sein, dass vor aller Augen ein Welterbe der Menschheit verschimmelt, Stück für Stück zerbröckelt und unwiderruflich verloren geht? Die UNESCO gibt keine Gelder, sondern hilft lediglich bei der Vermittlung von Unterstützung. Gemäß Statuten haben sich ja die Staaten der Welterbestätten verpflichtet, für deren Erhalt zu sorgen. Das stimmt. Aber trotzdem stellt sich die Frage: Was macht die UNESCO im Falle von Kuba, einem der ärmsten Staaten des Kontinents Amerika? In bürokratischer Manier einer Behörde auf die Statuten verweisen? Die Armut auf Kuba zeigt sich trotz florierendem Strand- und Kulturtourismus nicht an der Patina, wie manche Reiseführerautoren so schön schreiben, sondern an den verluderten, erbärmlich im Stich gelassenen Bauwerken, die nur noch den Abklatsch des einstigen Glanzes skizzieren. In Europa geht die UNESCO in nicht einmal annähernd so ernsten Fällen wesentlich rigoroser vor. In Dresden störte die neue Waldschlösschenbrücke das Gesamtbild, mit der Folge, dass die Elblandschaft der Sachsenmetropole von der Welterbestätteliste verbannt wurde. Prag, der Goldenen Stadt, drohten die UNESCO-Bürokraten ein ähnliches Schicksal an. Im Stadtteil Pankrác, an der Autobahn D 1, stehen zwar bereits drei Hochhäuser mit bis zu 109 Meter Höhe, für die Weiterbebauung mit Häusern mit geplanten 104 Meter Höhe fordert die UNESCO allerdings ein Höhenlimit von 70 Metern. Andernfalls müsse die Stadt damit rechnen, dass ihre Altstadt, rund fünf Kilometer entfernt, von der Welterbeliste gestrichen werde.

Bauten erzählen Geschichten

Zurück an den Malecón, der eigentlich Avenida Antonio Maceo heißt und auf dem man neuerdings sogar mal einen Autostau beobachten kann, was jahrzehntelang schier undenkbar schien. Die Promenade wirkt als Ganzes, nicht aufgrund von ein paar dort angesiedelten Se-

MIT DEM CABRIO

Pedro fährt mit einem DeSoto, Baujahr 1953, vor – oben ohne. Das Cabrio-Schmuckstück ist rot und weiß gespritzt, protzt mit viel Chrom und ist blitzeblank sauber. »Bitte einsteigen«, sagt Pedro auf Englisch. Er erklärt dem Urlauberpärchen anhand eines Stadtplans die vorgesehene Route durch Havanna. »Am besten den Malecón rauf- und runterfahren«, sagt sie. Er nickt. Pedro nickt auch. Kein Problem, es kann losgehen …

Oldtimer- und Cabrio-Oldtimer-Touren kann man in Havanna leicht buchen. Rechtzeitige Reservierungen sind ratsam, aber manchmal geht auch kurzfristig, am gleichen Tag, noch eine Tour. Der Fahrer holt die Gäste vom Hotel ab und kutschiert sie, je nach Vereinbarung, eine Stunde oder auch zwei bis drei Stunden durch Havanna. Kunden von AvenTOURa oder Airtours können solche Stadtrundfahrten schon in Deutschland buchen. Ansonsten wendet man sich an die örtliche Reiseleitung oder an den Concierge im Hotel. Richtwert für Cabrio-Touren sind etwa 30 Euro pro Stunde und Fahrzeug mit Chauffeur.

WEITERE INFORMATIONEN ZUM MALECÓN

www.aventoura.de, www.airtours.de

henswürdigkeiten oder besonderen Gebäuden. Am östlichen Anfang steht das im 16. Jahrhundert erbaute Castillo de San Salvador de la Punta, zusammen mit dem Gegenstück Castillo del Morro (siehe Highlight 6) bildete es die wichtigste Schutzanlage für den Hafen. Den Prado lässt man links liegen und erreicht nach etwa 1,5 Kilometern das Denkmal des Generals Antonio Maceo, der im 19. Jahrhundert gegen Spanien für die Unabhängigkeit kämpfte. Der Klotz dahinter ist das 24-stöckige Krankenhaus Hermanos Ameijeiras. Nach der Calle 23, auch als la Rampa bekannt, folgt das wunderschöne Hotel »Nacional de Cuba« (siehe Highlight 7), gefolgt von der Interessenvertretung der USA in Kuba und dem Denkmal für die Toten des US-Schiffs »Maine«, mit dem die unglückliche Geschichte zwischen den USA und Kuba einst begann. Nach einer Explosion aus bis heute ungeklärten Gründen sank das Schiff im Hafen von Havanna und lieferte 1898 den Vorwand für die Kriegserklärung der USA an Spanien. Die Amerikaner besetzten Kuba. Die Kolonialzeit der Europäer war beendet, die Militärherrschaft der USA begann … Deshalb gibt es bis heute an der Calle Linea die Antiimperialistische Tribüne und das eingangs erwähnte Propagandaschild. In der Nähe befindet sich auch noch das Denkmal für José Martí, den bedeutenden Unabhängigkeitskämpfer im Kuba des 19. Jahrhunderts. An der Mündung des Almendares endet der Malecón.

Chromblitzende Oldtimer

1857 wurde die Hafenmole angelegt, 1901 der Bau der Promenade begonnen. Nach mehreren Bauabschnitten erreichte man 1926 die jetzige Form. Fertig war eine Straße, die damals ihresgleichen auf der Welt suchte. Reiche Leute wohnten dort, und schicke Autos fuhren vor die farbigen Prachtbauten. Manche von ihnen sieht man noch heute. Traum-Oldtimer sagen die einen mit glänzenden Augen, Schrott auf Rädern meinen die Neidhammel. Die meisten Buicks, Fords und Studebakers, die den Malecón heute entlangfahren, sind Relikte aus der Zeit vor der kubanischen Revolution. Nur unter der Motorhaube verbirgt sich selten noch etwas vom Original. Da verlieren sich meistens mickrige Lada- oder Moskowitsch-Motoren, weil ja auch für Kfz-Ersatzteile die US-Blockade lange gültig war.

Besonders beeindruckend wirken die stattlichen Automobile, wenn ihr Chrom im Sonnenuntergang glänzt und das Abendlicht sogar den baufälligen Gebäuden etwas von ihrem früheren Glanz zurückgibt. Dann ist der Blick auf diese Stadt am Meer am faszinierendsten. Havanna hat rund 2,5 Millionen Einwohner, und der Malecón ist der Inbegriff dieser karibisch-sozialistischen Stadt. Deshalb wird er auch von allen Habañeros von ganzem Herzen geliebt – trotz Fidel und Blockade, trotz baufälliger Häuser und herumstreunender Aufpasser.

Havanna

2 Pulsierendes Leben – Havannas Altstadt

Das spanische Erbe

La Habana Vieja, wörtlich das alte Havanna, ist einer von 15 Bezirken der mit knapp 2,5 Millionen Einwohnern größten Stadt Kubas und der drittgrößten in der Karibik. In der Altstadt wurde am meisten renoviert im Land, und seit 1982 gehört sie zum Weltkulturerbe. Habana Vieja ist der Treffpunkt von Einheimischen wie Touristen, auch weil es die höchste Dichte an Cafés, Bars und Restaurants aufweist.

Das Bierlokal »Taberna de la Muralla« an der Plaza Vieja (unten). Mächtig zeigt sich das Gran Teatro de la Habana (rechts). Die heutige Hauptstadt hieß bei ihrer Gründung 1519 San Cristóbal de la Habana, zu Ehren von Christoph Kolumbus und nach einem indianischen Wort für Platz.

Eine »Granma« gefällig? Der Straßenverkäufer an der Plaza de Armas lächelt und hält dem Touristen aus Deutschland die offizielle Staatszeitung, das Zentralorgan des Landes, unter die Nase. Die Zeitung ist in Spanisch verfasst, der Inhalt weitgehend egal. Es geht um ein Stück westkaribische »Ostalgie« und vielleicht auch um ein Stück Mitleid. Der Zeitungsverkäufer verhökert die Polit-Postille für einen CUC an den Touristen, was knapp einen Euro Gewinn für ihn bedeutet. Ein anderer skizziert an der Plaza de la Catedral mit dem Bleistift flink ein Porträt, der Nächste musiziert in der Calle Obispo.

Die Altstadt ist wie gemacht für die Verkäufer, Künstler und Urlauber. Dort bummeln die Besucher und lassen sich anstecken von dem aus jedem zweiten Lokal klingenden kubanischen Sound. Sogar einige nette Läden gibt es, auch Bars, Cafés und Gaststätten, zudem zahlreiche Museen, Kunstgalerien, Kirchen und natürlich jede Menge klassischer Sehenswürdigkeiten. Die Altstadt von Havanna bedeutet Urlaub, wie man ihn von anderswo auch kennt – ein Besuch mit Lust und Laune, ohne Entbehrungen. Kaum ein Havanna-Tourist verpasst deshalb das zentrale historische und so vitale Viertel, wo ein erheblicher Teil

Ein buntes Kunst-Bonbon auf der Plaza Vieja (oben).

der wunderbaren Architektur im Kolonialstil, die auf die lange Besatzung der Insel durch die Spanier zurückgeht, bewahrt und seit den 1990er-Jahren hübsch restauriert wurde. In diesem Punkt ist die Altstadt dem Malecón um Längen voraus. Platz für Platz, Straße für Straße und Gasse für Gasse sind gesäumt mit prächtigen Bauten aus der spanischen Kolonialzeit und vereinzelt auch aus anderen Epochen. Marode Bauwerke sind in der Altstadt eher die Ausnahme.

Erbe aus Kolonialzeiten

Jede dieser Epochen hat ihre Spuren hinterlassen. Man kann sie auf drei Zeiträume eingrenzen und sie sind zum Teil auch städtebaulich sichtbar. Von 1519 bis 1898, also fast 400 Jahre lang, drückten die Spanier der Insel ihren Stempel auf. Es folgte im direkten Anschluss die als neokoloniale Zeit bezeichnete Phase der Verwaltung durch die USA, von 1898 bis 1959, bis heute sichtbar am Capitolio (siehe Highlight 3) und im Stadtbezirk Vedado. Und schließlich kam die Revolution gegen den von den USA protegierten Diktator Fulgencio Batista: der große Umbruch und in der Folge die kommunistische Zeitspanne von 1960 bis heute. Sie hat allerdings lediglich einige glanzlose Zweckbauten hervorgebracht.

Havanna – genau genommen Villa San Cristóbal de la Habana – wurde am 16. November 1519 auf Befehl von Diego Velázquez gegründet. Der aus der Provinz Segovia in Spanien stammende und 1524 in Santiago de Cuba verstorbene Eroberer war Gouverneur von Kuba für die spanische Krone. Der natürliche Hafen galt als der ausschlaggebende Grund für die Stadtgründung. Die Bucht schützt bis heute einen der sichersten Häfen der Welt, da der Zugang zum offenen Meer auf einen sehr schmalen Zugang begrenzt ist. Habana Vieja stieg vom Schiffbauplatz zum Sammelhafen aller spanischen Schatzschiffe aus Mittel- und Südamerika auf. Der Hafen wurde von den mit Schätzen beladenen spanischen Galeeren als Zwischenstation auf den Fahrten zwischen der Neuen

Pulsierendes Leben – Havannas Altstadt

und der Alten Welt benutzt, und Havanna galt deshalb eine Zeit lang sogar als reichste Stadt Amerikas. 1634 wurde La Habana auf königliche Verfügung sogar der Titel »Schlüssel zur Neuen Welt und Beschützer von Westindien« verliehen.

Plaza de Armas, Zentrum der Stadt

Aus der Anfangszeit Mitte des 16. Jahrhunderts, als die Stadt für das Königreich Spanien von zunehmender strategischer Bedeutung wurde, stammen die Plaza de Armas, das Fort Castillo de Real Fuerza (siehe Highlight 6) sowie die Straßen Los Oficios und Los Mercaderes, die parallel zueinander verlaufen. Dort stehen die Gebäude dicht an dicht. Man sieht barocke und neoklassizistische Elemente, schattige Arkaden und luftige Balkons, schwere gusseiserne Tore und so manchen lauschigen Innenhof. Viele Gebäude verfielen in der zweiten Hälfte des 20. Jahrhunderts langsam zu Ruinen, einige von ihnen konnten jedoch durch aufwendige Restaurationsarbeiten gerettet werden.

Der Grundriss der Stadt war einfach und ist bis heute klar erkennbar: Die Stadt wurde um die zentrale Plaza de Armas, den für die Spanier typischen Exerzierplatz, angeordnet. Dort waren alle politisch, militärisch und verwaltungstechnisch wichtigen Bauten in unmittelbarer Nähe aneinandergereiht: die Festung Castillo de la Real Fuerza, der Regierungspalast Palacio de los Capitanes Generales, die 1776 erbaute Residenz für die Kapitäne Kubas, die bis heute zu den prachtvollsten Bauwerken der Hauptstadt zählt, und die Gouverneursresidenz der Kolonie, in dem sich nun das Stadtmuseum befindet. Dazu kam der Palacio del Segundo Cabo, das ehemalige Postamt. Selbstredend war die Plaza auch immer Schauplatz von militärischen Zeremonien und Veranstaltungen.

Gottesverehrung und Revolution

Die Plaza de la Catedral, der Kathedralenplatz, ist nur gut 150 Meter von der Plaza de Armas in westlicher Richtung entfernt und ein zweiter Besuchermagnet in der Altstadt, wenn nicht sogar das heutige Herz von Habana Vieja. Marktstände sind aufgebaut, die Touristen kaufen frisch geflochtene Strohhüte oder suchen in einem der Terrassencafés Rast, etwa im »El Patio« in einem wunderschönen Herrenhaus mit schattigem Innenhof. Auch dort kann man »Eine ›Granma‹ gefällig?« immer wieder hören …

Stimmung in der Altstadt von Havanna: mit Live-Musik (oben) und einem frisch gezapften Bier (unten).

Havanna

Wer in einem Cabriolet-Taxi durch Havanna fährt, sollte auch den passenden Sonnenhut dabeihaben (oben). Die Oldtimer sehen toll aus, machen aber auch jede Menge Mühe. Immer wieder ist irgendetwas kaputt (unten). Bilder einer Ausstellung: coole Straßenkreuzer (rechts oben).

Die Kathedrale von Havanna, offiziell Catedral de la Inmaculada Concepción, also die Kathedrale der Unbefleckten Empfängnis, wurde zwischen 1748 und 1777 erbaut. Trotz ihrer Schlichtheit beherrscht sie den weitläufigen Platz. Besonders auffällig sind die Muschelkalkfassade und ihre beiden asymmetrischen Glockentürme. Wenn man vor dem Haupteingang steht, zeigt sich der linke Turm eher schlank und ist höher, während der rechte massiver und kleiner ist. Von 1796 bis 1898, dem Ende des Kolonialkriegs, sollen in diesem Gotteshaus die sterblichen Überreste von Christoph Kolumbus gelegen haben, ehe sie nach Sevilla in Spanien verschifft wurden. In Richtung Canal de Entrada zieht sich bis zum Castillo de San Salvador de la Punta (siehe Highlight 6) der weitläufige Parque Céspedes am Ufer entlang, benannt nach Carlos Manuel de Céspedes y López del Castillo, dem berühmten kubanischen Freiheitskämpfer und Begründer der kubanischen Nation. Über die Avenida de las Misiones kommt man am Museo Nacional de la Música – mit einer fantastischen Sammlung afrikanischer Trommeln – und dem Museo de la Revolución, dem Revolutionsmuseum und ehemaligen Präsidentenpalast, vorbei, wo die Jacht »Granma« präsentiert ist. »Granma«, ein englisches Kürzel für Grandma, also Großmutter, hieß das Boot, mit dem Fidel Castro und weitere 81 Revolutionäre der kubanischen Bewegung des 26. Juli von Mexiko nach Kuba übersetzten, um das Batista-Regime zu stürzen. Nach diesem Schiff wurde dann auch die Parteizeitung der Kommunistischen Partei Kubas benannt sowie eine Provinz in Ostkuba. Das Museum beherbergt umfangreiche Sammlungen zu Themen wie der Ausrottung der Indianer, der Einführung der Sklaverei, den Unabhängigkeitskriegen und natürlich der kubanischen Revolution. Es folgen das Museo de Bellas Artes und schließlich der Parque Central: Er ist sinnbildlich der Malecón der Innenstadt, wo Menschen aller Altersschichten im Schatten der Palmen Neuigkeiten austauschen, faulenzen oder ein paar Schritte um die Statue von Nationalheld José Martí gehen.

Kultur und Kaffee

Wichtigstes Gebäude am Platz ist das Gran Teatro de la Habana. Offiziell heißt es Teatro García Lorca, ist die Heimat des kubanischen Nationalballetts und mit gut 2000 Plätzen das größte Theater des Landes. Es stammt

aus dem Jahr 1838 und weist neben neoklassizistischen Strukturen auch Art-déco-Elemente auf. Gleich nebenan steht eine Ikone der kubanischen Hotellerie, das »Inglaterra«. Es ist das älteste Hotel auf Kuba und verkörpert als Zeuge der städtebaulichen und kulturellen Geschichte ein Stück weit das koloniale Havanna. Gegründet am 23. Dezember 1875 und seit 1981 als Nationaldenkmal eingestuft, beeindruckt es sowohl mit seiner neoklassizistischen Pracht, aber auch mit seinen unverkennbar maurischen Zügen. Darin befindet sich das elegante »Gran Café El Louvre«, dessen Tische von zeitgenössischen bildenden Künstlern dekoriert wurden. Heutzutage gilt das »Inglaterra« nicht nur deshalb als der Treffpunkt kubanischer Künstler, Schriftsteller und Komponisten.

Die »Stadt der Säulen«

Wenn man vom Parque Central nun über die wunderbare Flaniermeile Calle Obispo zurück zur Plaza de Armas schlendert, ist man im Prinzip ein Dreieck gegangen, das in etwa auch den Verlauf der nicht mehr vorhandenen Stadtmauer und die Grenzlinie von Habana Vieja markiert. Der französische Korsar Jacques de Sores war übrigens der Grund für den Bau der Mauer. 1555 griff er das kaum gesicherte Havanna an, plünderte es und steckte es schließlich in Brand, weil er zu dieser Zeit nicht jene Reichtümer fand, die er erwartet hatte. Nach diesem Vorfall brachten die Spanier Soldaten nach Havanna und begannen, Festungen und Mauern zum Schutz der Stadt zu bauen. Die Stadtmauer wurde jedoch 1863 wieder abgerissen, um die Stadterweiterung nicht zu blockieren.

In diesem Dreieck – bestehend aus den Schenkeln Parque Céspedes, Avenida de las Misiones und Calle Obispo – kann man sich bedenkenlos treiben lassen. Gemäß dem Prinzip Zufall könnte man sich vielleicht einfach mal im Planquadrat D 4 eines Stadtplans rumtreiben oder etwa zwei x-beliebige Straßen mit einer Linie verbinden und diesen Weg ablaufen. So stößt man in diesem Altstadt-Dreieck auch auf weniger bekannte Monumente des historischen Stadtkerns. Deshalb sind diese jedoch nicht weniger beachtenswert, seien es nun palastähnliche Herrenhäuser, schlichtere weiße Wohnhäuser mit blau gestrichenen Balkonen oder Häuser in zarten Pastelltönen sowie Arkadengänge mit mächtigen Säulen. Nicht von ungefähr wird Habana Vieja häufig auch als »Stadt der Säulen« bezeichnet. Der kubanische Schriftsteller Alejo Carpentier schrieb sogar von einem »Säulenwald« und einer »endlosen Kolonnade«; Havanna sei die letzte Stadt, die Säulen in solcher Überfülle besitze. Und hinter mancher wartet auch der eine oder andere Straßenverkäufer und fragt: »Eine ›Granma‹ gefällig?«

VIVA LA MÚSICA!

Es ist zwar nicht so, dass Kubaner von früh bis spät auf ihren geliebten Son tanzen, aber Musik gehört auf der Insel zum Leben wie die Sonne und das Meer. In den Hotels und Bars wird in der Regel nur für Touristen aufgespielt. Wegen seiner Dachterrasse dennoch empfehlenswert ist das »Turquino« im Hotel »Habana Libre«. Authentischer gibt sich das »Casa de la Música«, wo gute Live-Bands immer für beste Stimmung sorgen. Da fällt es dann auch nicht so auf, wenn man Salsa eigentlich gar nicht tanzen kann und sich nur voller Hingabe von links nach rechts bewegt …

Übrigens: Kuba zählt zu den sichersten Staaten Mittelamerikas, sodass man auch am Abend sorgenfrei ausgehen kann.

WEITERE INFORMATIONEN ZUR ALTSTADT

»Casa de la Música« in Miramar (Calle 20, No. 330), jeden Abend.
»Casa de la Cultura« in Habana Vieja (Calle Aguiar 509), Konzerte und Tanz.
»Turquino« im Hotel »Habana Libre« in Vedado (Calle L, No. 23), im 25. Stock mit Blick auf den Sternenhimmel.
Die Eintrittspreise für Live-Musik bewegen sich zwischen 3 und 15 Euro.

Alles klar, Amigo? Der Chauffeur dieses schicken Oldtimer-Cabriolets ist sich bewusst, dass er ein Blickfang auf Havannas Straßen ist.

3 Macht und Pracht – Capitol

Sinnbild der US-Zeit

Das Capitolio Nacional gehört zu den architektonischen Glanzlichtern von Havanna, obgleich es eigentlich fast nur eine Kopie ist. Der frühere Sitz des kubanischen Parlaments gleicht dem Capitol der US-Hauptstadt Washington wie ein Zwilling dem anderen. Allerdings – und das wissen nur wenige – ist die kubanische Variante um einen Meter höher als das zudem etwas weniger opulent verzierte Original in den USA.

Mit seiner nur einen Meter höheren Kuppel als das Original in Washington ähnelt der kubanische Bau dem US-amerikanischen auch in der Außenansicht (oben). 17 Meter hoch und Repräsentant der Republik: die Jupiterstatue im Capitolio (rechts unten). Unverwechselbar dagegen: die Kühlergrillfigur einer Packard-Luxuslimousine (rechts oben).

Da stehen sie nun vor dem Capitolio aufgereiht wie im Showroom: die Prachtexemplare US-amerikanischer Autobaukunst. Die meisten von ihnen sind Taxis, sodass man eine Runde mit ihnen und ihrem Fahrer drehen kann. Der sozialistischen und gleichermaßen auch der Blockade-Logik folgend, ist Havanna heutzutage eines der größten Automuseen der Welt, sozusagen »das größte Reservat für ausgestorbene amerikanische Autos«, wie die *Süddeutsche Zeitung* süffisant schrieb. Zum einen gibt's kaum Geld für neue Autos und zum anderen wurde der Verkauf von vorrevolutionären Oldtimern ins Ausland von den kubanischen Behörden beizeiten verboten. So sieht man die Buicks, Chevys, Fords, Pontiacs und Studebakers aus den 1940er-, 1950er- und 1960er-Jahren wie protzige Statussymbole des Kapitalismus vor dem Capitolio parken oder durch die kommunistischen Straßen rollen. Rund 50 000 von diesen Schlitten gibt es noch, wenngleich sie heutzutage meist nur noch mit armseligen russischen oder ostdeutschen Dieselmotörchen unter den mächtigen Motorhauben ausgestattet sind. Trotzdem darf wohl angenommen werden, dass Autosammler aus aller Welt auf die Insel stürmen und diese Autos kaufen werden, sobald sich die politischen Verhältnisse in Kuba entsprechend

Macht und Pracht – Capitol

ändern. Der Platz vor dem Capitolio wird dann der größte Oldtimer-Markt der Welt sein.

Prunkt mit Gold und Diamant

Das Capitolio Nacional im Centro, unweit des Parque Central gelegen, auch Ausgangspunkt für das eher selten erwähnte chinesische Viertel, ist mit seiner 91 Meter hohen Kuppel unübersehbar. Konzipiert wurde das Bauwerk von dem kubanischen Architekten Eugenio Rayneri Piedra. 5000 Arbeiter benötigten für die Errichtung drei Jahre, zwei Monate und 20 Tage. Der Bau kostete die damals sehr stattliche Summe von 17 Millionen US-Dollar. Am 20. Mai 1926 wurde er schließlich als neue Stätte der kubanischen Politik eingeweiht, für die Herren Senatoren und Abgeordneten, die den Haupteingang über die 55-stufige Freitreppe betraten. Zwei Bronzestatuen symbolisieren links die Gerechtigkeit, in Form einer männlichen Figur, und rechts den Frieden, in Form einer weiblichen Figur.

Auf den Bronzeeingangstoren ist die Geschichte Kubas zusammengefasst. Drinnen steht eine 49 Tonnen schwere, 17 Meter hohe vergoldete Jupiterstatue. Zu jener Zeit war sie die größte Statue der Welt im Inneren eines Gebäudes. Vor ihr sieht man die Kopie eines 24-karätigen Diamanten, die in den Boden eingepasst wurde. Der Originaldiamant gehörte einst dem letzten russischen Zaren. Er wurde an Kuba verkauft, gestohlen, wieder beschafft und wird heute in der Zentralbank von Kuba aufbewahrt. Der von ihm markierte Punkt im Marmorboden stellt den Kilometer null in Kuba dar. Von hier aus werden alle Entfernungen zwischen Havanna und den anderen Orten des Landes gemessen.

Erinnerung an die Vergangenheit

1926 konnte natürlich von Gerechtigkeit, wie sie die männliche Figur am Aufgang symbolisiert, keine Rede sein. Das Eröffnungsjahr fiel in die Regierungszeit des fünften Präsidenten der Republik, des Diktators Gerardo Machado. Sein Porträt auf einem der Reliefs des Eingangstors wurde nach dem Sturz des Diktators unkenntlich gemacht. Bis heute erinnert die Ähnlichkeit zum Washingtoner Capitol von 1823 alte Kubaner an die halbkoloniale Abhängigkeit von den USA.

Heute ist das Capitolio ein Kongresszentrum, dessen Konferenzsäle nach Orten benannt wurden, die in der Geschichte des kubanischen Befreiungskampfes gegen die spanische Kolonialherrschaft eine bedeutende Rolle spielten. Außerhalb von Veranstaltungen steht das Capitolio der Öffentlichkeit zur Besichtigung offen. So können etwa die einstigen Regierungsräume und die Bibliothek besichtigt werden.

REISE IN DIE 1950ER-JAHRE

Havanna bietet eine Vielzahl von Transportmöglichkeiten, von der Pferdekutsche über Bici, also Fahrradtaxen, dem für die Hauptstadt typischen Coco- bis zum gewöhnlichen Taxi mit Fahrpreisanzeiger – oder man nimmt ein US-Oldtimer-Taxi. Wer ein bestimmtes Modell sucht oder unter mehreren Prachtlimousinen aus den 1950er-Jahren auswählen will, geht am besten zum Capitolio, wo die größte Anzahl an Oldtimer-Taxen bereitsteht. Die Autos sind meist blank poliert, nur ab und an passiert es, dass man den Innenraum mit einem Tankkanister teilt. »Ein Provisorium«, wird dann der Fahrer etwas verlegen sagen, ohne gefragt worden zu sein. Außerdem kann es passieren, dass der gute Mann eigentlich Lehrer ist oder Arzt. Dann spricht er sogar manchmal breites Sächsisch, weil er in der ehemaligen DDR ausgebildet wurde. »Taxifahren ist einfach lukrativer«, lautet in diesem Fall stets die Antwort auf die nächste Frage, die im Raum steht …

Die Fahrpreise für Oldtimer-Taxen sind Verhandlungssache. Als Basistarif ist mit 50 Euro-Cent pro Kilometer zu rechnen.

WEITERE INFORMATIONEN ZUM CAPITOL

www.autenticacuba.com

Havanna

4 Faust nach oben – Plaza de la Revolución

Venceremos! Wir werden siegen!

Parolen wie diese haben längst ausgedient. Fidel Castro war auch schon lange kein Revolutionsführer mehr, sondern ein unbelehrbarer Diktator, der seine Genossen wie ein Despot beherrschte. Nirgends ist das besser zu spüren als auf der Plaza de la Revolución, wo stellvertretend für das marode System der tote Che Guevara kalt wie Stahl auf einen Platz blickt, wie ihn nur totalitäre Regime bilden können.

Wissen Sie«, sagt der kleine Junge, »an normalen Tagen ist hier gar nichts los. Aber an Feiertagen ist der Platz voll. Voll mit Menschen, so weit das Auge reicht!« Er schaut sehnsüchtig auf die Baseballkappe des Touristen, fragt aber nicht danach. »In den Geschäften ist es auch so. An normalen Tagen ist alles leer in den Regalen, nur an wenigen Tagen gibt es etwas. Und das sind dann unsere wirklichen Feiertage!« Er lacht, seine weißen Zähne strahlen aus dem dunklen Gesicht. Jetzt ist der Moment gekommen: »Schenken Sie mir Ihre Mütze, bitte?«, fragt er mit treuseligem Blick. Der Urlauber kann gar nicht anders. Der Bub nimmt sie glückstrahlend und rennt weg, wie vom Teufel verfolgt, quer über den ganzen Platz der Revolution. Freude kann so schön sein – selbst auf einem Platz, der einem eigentlich das Blut gefrieren lässt.

Die Plaza de la Revolución ist architektonisch eine Schande, stellt aber das politische Herz des Landes dar mit den Gebäuden für das Zentralkomitee der Kommunistischen Partei, wo auch einst Fidel Castro seinen Schreibtisch hatte, dem Verteidigungs- und Innenministerium. Wegen Letzterem kommen auch ausländische Besucher an diesen hässlichen Platz

Fassadenkunst mit Camilo Cienfuegos auf dem Revolutionsplatz (unten). Innenministerium: das Che-Bildnis mit vorbeifahrendem Oldtimer (rechts oben). Auch ein Kampfflugzeug gehört zu den Exponaten im Museo de la Revolución (rechts unten).

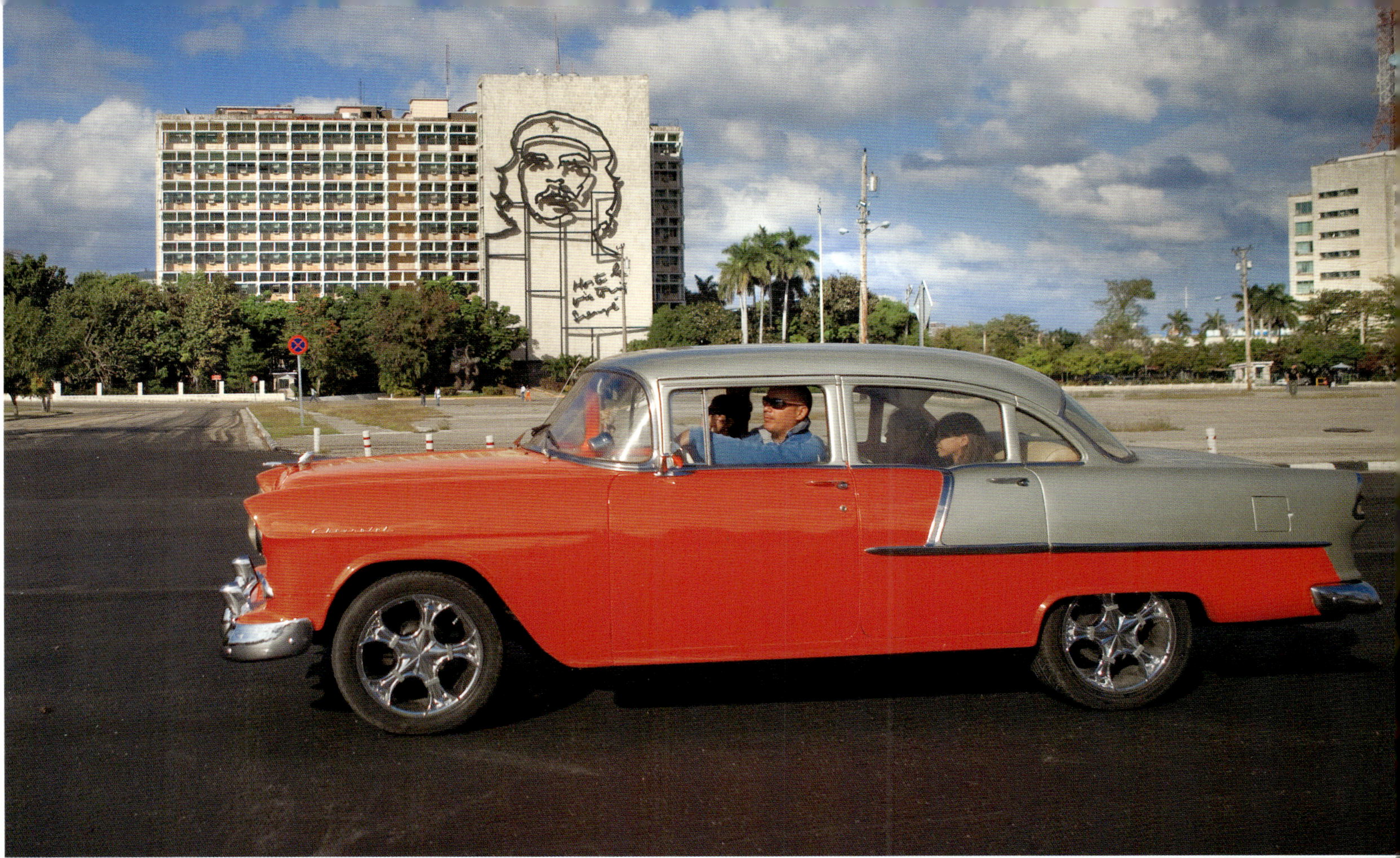

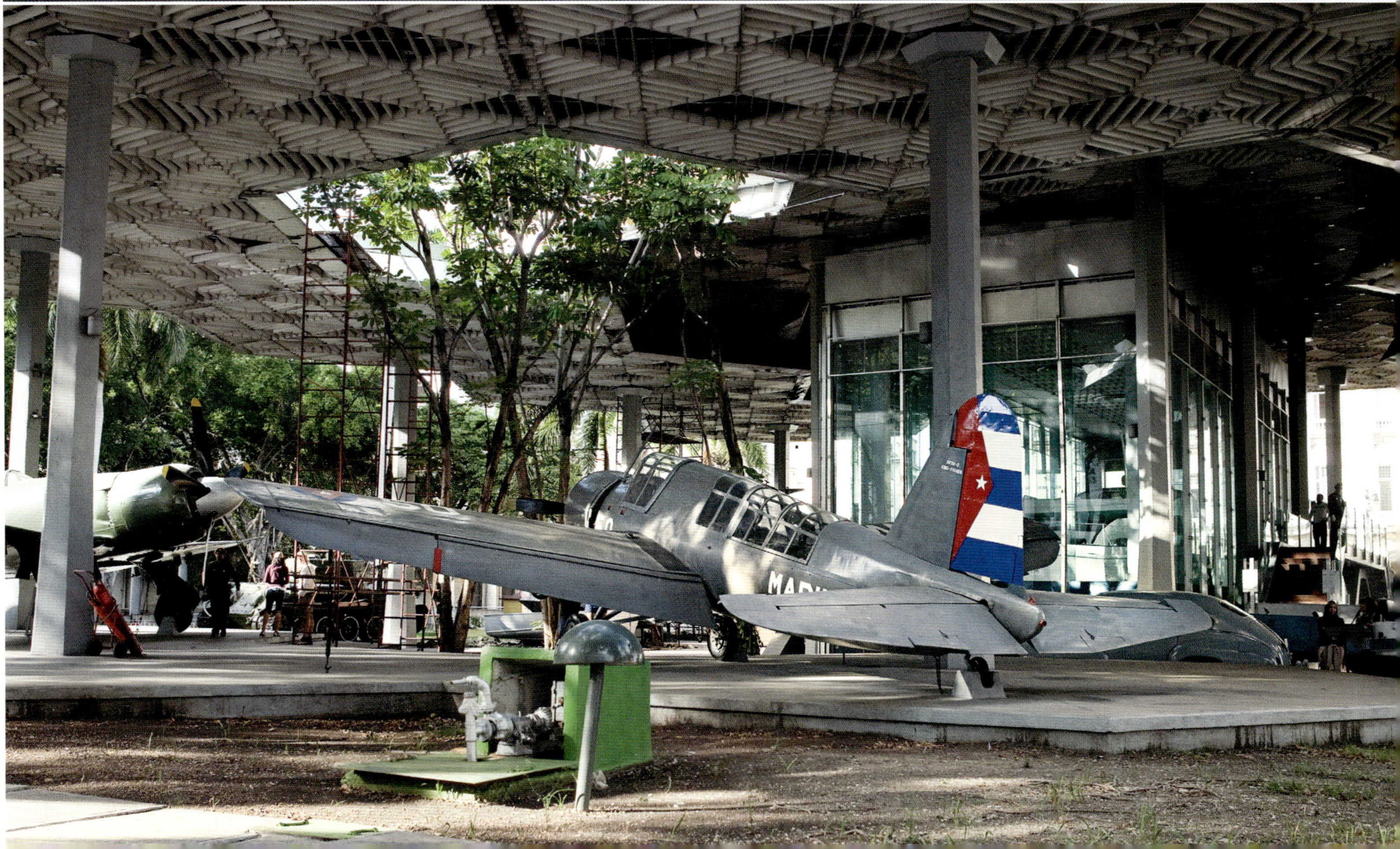

Havanna

im Stadtviertel Vedado, der so auch in Warschau oder Bukarest ins Bild passen würde. Das Innenministerium ist zwar ebenfalls ein schrecklich gesichtsloser Plattenbau, aber er hat einen markanten Betonvorsatz. Von dort schaut überdimensional groß ein stählerner Che Guevara über den Platz.

Kubas Helden: Guevara und Martí

Es ist das wohl berühmteste Porträt des Revolutionärs, das sich als Pop-Art millionenfach auf T-Shirts, Mützen, Wandtellern oder Kaffeetassen verkauft hat, das Bücher über die Revolution zierte und den kubanischen Drei-Peso-Schein, wahrscheinlich irgendwo auf der Welt auch seinen Platz auf Damenslips gefunden hat oder Herrensocken verschönert. Das Foto mit dem tragenden Namen Guerrillero Heroico – heroischer Kämpfer – schoss im März 1960 Alberto Korda. Es wurde eines der meistreproduzierten Bilder des 20. Jahrhunderts. Che war 31 Jahre alt, Genosse Korda ein Jahr älter, aber es dauerte noch sechs Jahre, bis das Foto seinen Siegeszug um die Welt antrat. Der italienische Verleger Giangiacomo Feltrinelli bekam das Foto einst von Korda geschenkt und veröffentlichte es erstmals nach der Ermordung Che Guevaras im Jahr 1967. Schnell wurde es zum Symbol der 68er-Bewegung und zur einer Ikone der Popkultur. Korda hat nie einen Peso mit diesem Bild verdient.

Die Plaza de la Revolución erweist noch einem weiteren Revolutionär die Ehre. Vor dem hübsch-hässlichen und über 100 Meter hohen Obelisken sitzt José Martí in weißem Stein gemeißelt. Der Dichter gilt trotz seiner spanischen Herkunft als kubanischer Nationalheld und als einer der wichtigsten Unabhängigkeitskämpfer des Landes. Fidel Castro hingegen nutzte den Platz für seine berühmt-berüchtigten mehrstündigen Reden. Bis zu acht Stunden konnten seine Elaborate dauern, und bis zu einer Million Menschen füllten dann den Platz mit Leben.

Der große Macho: Castro

»Hasta la victoria siempre« steht unter der rechten Schulter von Che Guevaras Bildnis an der Plaza de la Revolución: »Bis zum endgültigen Sieg« – den es nie geben wird. Irgendwann werden die einst verbal angeprangerten Amerikaner als Touristen auf diesem Platz stehen und staunen über die einstigen Legenden in Form von riesigen Konterfeis von Che, Martí und andernorts auch von Fidel. Sie werden über Geschichte sprechen, die politisch-historische, aber auch über die menschliche: Fidel Castro war ein uneheliches Kind. Weil nicht getauft, wurde er als Jude gehänselt.

Che auf dem Oberarm eines stolzen Kubaners (oben). Blau, Weiß und Rot dominieren die Flagge der Republik Kuba (unten links). Immer noch verzieren Konterfeis von Nationalhelden so manche Häuserwand (unten rechts). Auch ein verdienter Held der Nation: José Martí als Statue vor dem hübsch-hässlichen Memorial (rechts oben). Gemütliches Speisen in einem Paladar (rechts unten).

Mit zwölf schrieb er an den US-amerikanischen Präsidenten Franklin D. Roosevelt, als Erwachsener war er Rechtsanwalt, Revolutionär, Krieger und wohl auch ein großer Liebhaber. Gina Lollobrigida war von ihm begeistert, als sie ihn traf. Die Anzahl seiner Kinder ist unbekannt. In Kuba sagt man kurz: »Es muy macho.« – »Er ist ein großer Macho.« Sein größter Erfolg im Scherbenhaufen Kuba: Das Gesundheitswesen auf der Insel ist vorbildlich: Die Krankenhäuser sind sehr gut. Doch ohne Medikamente aus den USA hätten die kubanischen Ärzte, die nicht für harte Devisen im Nachbarland Venezuela arbeiten, noch weniger zu verschreiben.

»Venceremos! Wir werden siegen!«, wurde den Kubanern eingebläut. Jahrzehntelang. Immer und immer wieder. Keiner glaubte es. Aber alle schrien mit auf der Plaza de la Revolución. Denn Fidel hatte immer einen Schuldigen: el Bloqueo, die Blockade. Das Handelsembargo der USA, das die Kubaner bis 2016 isolierte, war der am besten geeignete Sündenbock, den man sich für all die unzähligen Missstände im Staat nur denken kann. Und so spielte Kuba mehr als 50 Jahre lang David gegen Goliath, denn Kommunismus gegen Imperialismus klingt in der globalen Welt zu altmodisch und abgedroschen.

Kubas Nationaltheater und -bibliothek

Der Bau des Teatro Nacional de Cuba wurde 1952 begonnen und erst 1979 vollendet. Mit etwa 2000 Plätzen und einem weiteren Saal mit 800 Plätzen gehört es zu den größten Theatern in Amerika. Es gibt auch Musikabende und Ausstellungen. Das Theater fürs Volk ist beliebt, wenngleich die großen Namen immer das Gran Teatro de La Habana (siehe Highlight 2) auf sich zog, von Anfang an: Enrico Caruso sang, Eleonora Duse spielte. Und das Nationalballett war in diesem schönen Theater zu Hause.

Auf einer Linie in Richtung Obelisk hat auch die Nationalbibliothek einen kurzen Blick verdient. Havannas größte Bibliothek ist täglich, außer sonntags, für den Publikumsverkehr geöffnet. Ob allerdings Graham Greenes sarkastischer Spionage-Thriller *Unser Mann in Havanna* oder gar Pedro Juan Gutiérrez' *Schmutzige Havanna-Trilogie* in die Regale eingereiht wurde, ist fraglich. Bei Gutiérrez geht's im Havanna der 1990er-Jahre um Hunger, Gelegenheitsjobs, Zigaretten, Rum, Tanz und vor allem um Sex: »Denn wenn es in Castros Kuba in jener chaotischen Zeit etwas im Überfluss gibt, sind es sinnliche, selbstbewusste und herrlich schamlose Frauen.«

DINNER FÜR VIER

»La Paladar de Stars, la Star de Paladares« ist das Motto von »La Guarida«. Die Wände hängen voll mit Bildern von Prominenten wie Sänger Sting oder gar von Königin Sofia von Spanien, die hier bereits gespeist haben. Ein Paladar ist ein privat geführtes Lokal, das in Wohnungen eingerichtet wurde und über maximal vier Tische und 16 Stühle verfügen darf. Selten weist ein Schild den Weg, sondern Jungs auf der Straße als Schlepper. Auch muss man häufig zuerst Treppen steigen – die wenigsten Paladares befinden sich im Erdgeschoss – und sich dabei auch schon mal unter behängten Wäscheleinen durchbücken. Angeboten wird Schweinefleisch, Huhn, Reis und Bohnen, wie auf Kuba überall üblich. Die Preise pendeln sich bei 1–3 Euro für Vorspeisen, Suppen, Desserts sowie 6–9 Euro für Hauptspeisen ein. Die Besitzer müssen sehr hohe Steuern entrichten.

WEITERE INFORMATIONEN ZUR PLAZA DE LA REVOLUCIÓN

Empfehlenswerte Paladares:
»La Guarida« in Habana Vieja (Concordia 418)
»Doña Blanquita« (Prado 158) und »La Casa« in Vedado (Calle 30, No. 865)

Zum guten Bild gehört, dass ein Oldtimer vor der Bar steht (rechts unten). Den Mojito trank Hemingway stets in der rustikalen »Bodeguita del Medio«, deren Wände vollgekritzelt sind mit Unterschriften und Sprüchen (rechts).

5 Bars und Inspiration – Hemingways Havanna

Der alte Mann und die Stadt

Ernest Hemingway lebte, schrieb und soff in Havanna. Es sei denn, er war auf seiner Jacht »El Pilar« auf dem Meer zum Fischen unterwegs. Er wohnte im Hotel »Ambos Mundos« und in seiner Vorstadtvilla. Werke wie *Inseln im Strom* oder *Der alte Mann und das Meer* entstanden auf Kuba, wo er mit Unterbrechungen zwischen 1939 und 1961 lebte. Ein Jahr nach der kubanischen Revolution, wenige Monate vor seinem Selbstmord, verließ Hemingway die Karibikinsel.

Metaphysischer Realismus – so umschrieb die Literaturkritik das Werk Hemingways mit zwei Worten. Dem Pionier der Kurzgeschichte gelang es wie kaum einem anderen, dem Alltag eine Dimension zu verleihen, die nachdenklich stimmte, die manchmal auch überzeichnet war, die sich aber auf jeden Fall immer fesselnd zeigte. In der Laudatio zur Verleihung des Literaturnobelpreises hieß es über den Schriftsteller, dass dessen Heimat das ganze Leben sei. Sein Leben war wahrlich global: Lokalreporter in Kansas City, Korrespondent im Nahen Osten, Kriegseinsätze, Großwildjagden, Paris, Florida – und Havanna, immer und immer wieder Havanna, mit Unterbrechungen mehr als 20 Jahre lang. Das Hotel »Ambos Mundos«, Zimmer 511, in der Calle Obispo, war fünf Jahre lang seine erste Heimat, die Stammlokale »Bodeguita del Medio« und »El Floridita« seine zweite, praktisch bis zum Tod. Die Finca Vigía, etwa 15 Kilometer außerhalb der Stadt, kaufte er 1940, wohl seiner dritten Frau zuliebe, Martha Gellhorn. Die Stadt, das Leben und das Saufen fehlten ihm aber dort.

Schlupfwinkel eines Schriftstellers

Die ersten Spuren von Hemingway, der von Zeitgenossen als sehr uncharmant und prahle-

CARGUE CON SU PESAO

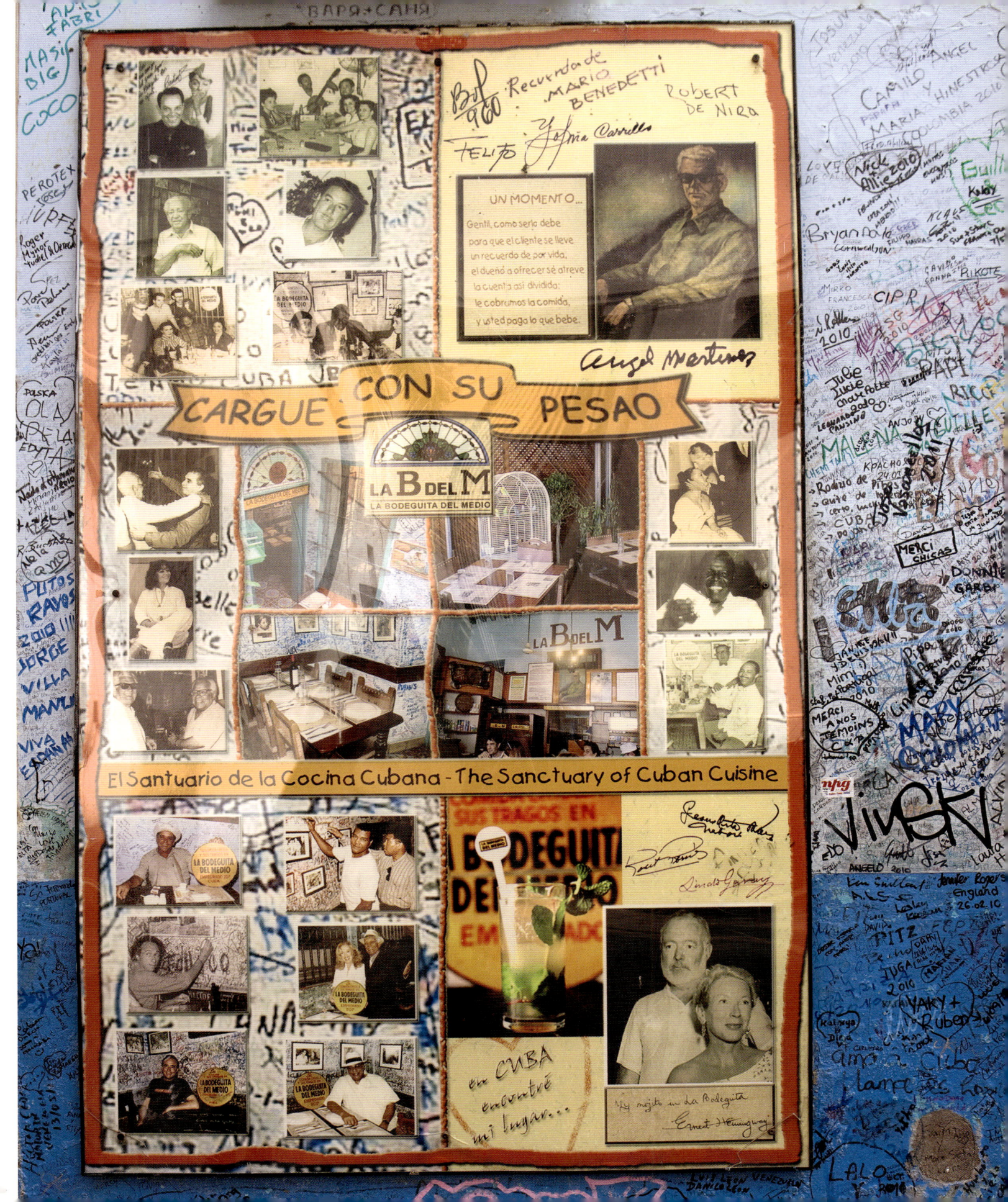

El Santuario de la Cocina Cubana – The Sanctuary of Cuban Cuisine

UN MOMENTO...
Gentil, como sería debe para que el cliente se lleve un recuerdo de por vida, el dueño a ofrecerse atreve la cuenta así dividida: le cobramos la comida, y usted paga lo que bebe.

En Cuba encontré mi lugar...
— Ernest Hemingway

Havanna

Seinen Daiquirí nahm Ernest Hemingway gerne in der eleganteren Bar »El Floridita« (oben links). Die kaffeebraune Schönheit genießt ihren Mojito dagegen in gemütlicher Atmosphäre im Hotel »Florida« in der Altstadt (oben rechts). In der Bar »El Floridita« besetzt eine Hemingway-Figur den einstigen Stammplatz des Schriftstellers (rechts unten). Der beste Mojito der Stadt: in der kleinen »Bodeguita del Medio« (rechts oben).

risch, herrisch und zuweilen auch obszön beschrieben wurde, befinden sich direkt in La Habana Vieja (siehe Highlight 2). Von der Plaza de Armas geht man ein paar Schritte durch die Calle Obispo, ehe man das Hotel »Ambos Mundos« – übrigens mit durchaus zivilen Zimmerpreisen – an der Ecke zur Calle Mercaderes sieht. Das Hemingway-Zimmer 511 darf besichtigt werden. Die Hoteliers versuchten, den damaligen Zustand des Zimmers so zu belassen, wie es vermutlich einmal war, also mit Koffer, Manuskripten und Schreibmaschine, die er im Übrigen »Royal Machine Gun« nannte, weil er so heftig auf sie einhackte, wenn er seine Texte verfasste. In diesem Zimmer entstand *Wem die Stunde schlägt*. Der Roman erzählt vier Tage aus dem Leben des US-amerikanischen Guerillakämpfers Robert im Spanischen Bürgerkrieg.

Vom »Ambos Mundos« aus geht man zwei Blöcke weiter bis zur Ecke Calle San Ignacio und Empedrado, wo sich auf Nummer 207 die erste Stammkneipe des trinkfesten Poeten befindet. »La Bodeguita del Medio« ist eine kleine Bar mit Flair, die stets fest in Touristenhand ist. Die Wände sind voll mit Unterschriften von Gästen, seien sie nun berühmt oder nicht. Auch die Signatur von Ernest dem Großen fehlt natürlich nicht. Sie ist sogar mit seiner ganz persönlichen Empfehlung versehen: »Mi Mojito en ›La Bodeguita‹, mi Daiquirí en ›El Foridita‹«. Und tatsächlich gehört der Mojito aus der »Bodeguita« wirklich zu den besten der Stadt. Ein Ruf, der offensichtlich verpflichtet …

Die hier angesprochene Bar »El Floridita« finden Hemingway-Fans und andere Besucher, nur einen Häuserblock vom Parque Central entfernt, wieder in der Calle Obispo. Dort ist die Atmosphäre eine ganz andere. Die Kellner tragen rote Sakkos, die Räumlichkeiten sind größer, ein Restaurant ist angeschlossen, und alles wirkt weniger heimelig und deutlich sachlicher wie in der »Bodeguita«. Hemingway hatte für seine Daiquirís sogar einen Stammplatz, den ein hölzerner Statthalter bis heute besetzt hält. Selbst James Bond in Form von Pierce Brosnan und Model-Schönheit Naomi Campbell mussten sich andere Plätze suchen … Zu Zeiten Hemingways verkehrte jedoch eine andere Kundschaft im kleinen »Floridita«: Trinker, Zuhälter und korrupte Jungs, die jedem alles organisieren konnten, wenn das Geld stimmte. Bis heute wird die Bar als Heimstätte des Daiquirí bezeichnet. Er ist gut, frozen, wie es sich gehört, aber auch teuer, und die Atmosphäre ist vergleichsweise langweilig.

Bücher und Katzen in der Casa Hemingway

San Francisco de Paula war zu Hemingways Tagen ein kleiner Ort, der inzwischen vom großen

Bars und Inspiration – Hemingways Havanna

Havanna eingemeindet wurde. Dort, 15 Kilometer vom Zentrum entfernt, steht bis heute und scheinbar seitdem auch kaum berührt die Finca Vigía. Sie strotzt vor Mitbringseln aus aller Welt, ob nun Jagdtrophäen aus Afrika oder Nippes aus Paris. Originalfotos zieren die Wände, Zeitungen türmen sich in Stapeln, um die 10 000 Bücher sollen in den Regalen stehen, und fast kommt es einem so vor, als ob die gleiche Anzahl an Katzen das jetzige Museo Casa Ernest Hemingway bevölkert. Katzen und Hunde hatten schon damals das Wohnhaus in Beschlag genommen. Aber auch prominente Gäste kamen zu Don Ernesto zu Besuch: Ingrid Bergman war da, Marlene Dietrich, Gary Cooper, Errol Flynn, Spencer Tracy und Jean-Paul Sartre, mit dem der Gastgeber sich in La Vigía zerstritt.

Das Haus im Kolonialstil und der große Garten, in dem in einem kleinen Unterschlupf auch seine Jacht »El Pilar« ausgestellt ist, liegen auf einem Hügel, den die Spanier zu Kolonialzeiten als Aussichtspunkt nutzten. Hemingway machte daraus seine Schreibwerkstatt. Besucher dürfen allerdings die Räume nicht betreten, sonst läge auch sicher nicht mehr Hemingways Brille auf dem Nachttisch neben seinem Bett. Aber man kann durch die Fenster blicken und ein bisschen erahnen, wie der Meister gelebt haben könnte. Ob nun seine Schuhe tatsächlich zum Lüften am Fenster hingen, sei dahingestellt … Das Wohnhaus vermachte Ernest Hemingway dem Staat, der es ins Museo Casa Hemingway verwandelte.

Fischer und Nobelpreisträger

Die letzte Hemingway-Station in und um Havanna ist Cojímar, ein Fischerdorf nahe seiner Casa, wo der Schriftsteller seine Motorjacht »Pilar« liegen hatte. Regelmäßig stach der Schriftsteller von dort in See und mutierte zum leidenschaftlichen Sportfischer, der es liebte, stundenlang mit einem Marlin zu kämpfen. Der Roman *Der alte Mann und das Meer* ist eng mit Cojímar verknüpft. Dafür bekam er den Pulitzer-Preis 1953 und ein Jahr später sogar den Literaturnobelpreis. Die örtlichen Fischer ließen für ihn ein Denkmal bauen und gaben dafür so manchen Anker und Ketten zum Einschmelzen her.

Der alte Mann und das Meer war das letzte Werk des Autors, das zu seinen Lebzeiten noch veröffentlicht wurde, und es ist mit Abstand auch sein bekanntestes. Im Zentrum der Handlung steht ein kubanischer Fischer namens Santiago, der zweifellos einer der Fischer aus Cojímar war. Im Lokal »La Terraza« traf der Autor sich mit den einheimischen Fischern und formte nach und nach das Bild des Fischers für seinen weltberühmten Roman. Hemingway ist bis heute sehr beliebt auf Kuba, so beliebt wie kein zweiter Ausländer. Und es heißt, dass sogar Fidel Castro Hemingways *Wem die Stunde schlägt* las – um mehr über den Guerillakrieg zu erfahren … Hemingway starb 1961. Er erschoss sich, da sich keine Erfolge bei der Behandlung seiner manisch-depressiven Erkrankung einstellten.

DER BLICK INS GLAS

Auf der Zuckerrohrinsel wird hauptsächlich mit dem gemixt, was man hat, mit Rum. An Rum wird nicht gespart, alles andere kostet Devisen und wird entsprechend sparsam verwendet. Drei Kuba-Klassiker: Der Mojito ist eine kubanische Erfindung und besteht aus hellem Rum (5 cl), frischem Limettensaft (2 cl), zwei frischen Minzstängeln, zwei Teelöffeln Rohrzucker, Sodawasser (8 cl) und gestoßenem Eis. Der Daiquirí wurde nach der Siedlung Daiquirí bei Santiago de Cuba benannt. Er basiert ebenfalls auf weißem Rum (5 cl) und Limettensaft (2 cl) plus Rohrzuckersirup (1 cl). Der Frozen Daiquirí ist die beliebteste Variante, bei der die Zutaten und das Eis im Mixer gequirlt werden. Statt Zuckersirup gibt man auch Fruchtmark dazu und erhält dann einen Mango- oder Erdbeer-Daiquirí.

Der Cuba Libre wurde 1898 in Havanna das erste Mal getrunken, als am Ende des Spanisch-Amerikanischen Krieges Soldaten auf die Befreiung Kubas anstießen: mit Cola, Rum, Limette und Eis.

WEITERE INFORMATIONEN ZU HEMINGWAYS HAVANNA

»La Bodeguita del Medio«:
Calle Empedrado 206
»El Floridita«: Calle Obispo 557

Einst wurde zur Sicherung des Hafens nachts eine Kette zwischen die beiden Festungen gespannt. Die Fortaleza San Salvador de la Punta (oben rechts) ist deutlich kleiner als das mit schwerem Geschütz ausgestattete Castillo del Morro (oben links).

6 Die mächtigen Fünf – Havannas Festungen

Das Bollwerk der Kapitale

Fünf mächtige Festungen besitzt die Hauptstadt: jeweils zwei auf der Habana Vieja- und der Habana del Este-Seite, getrennt nur vom Canal de Entrada, sowie eine fünfte, die nicht am Wasser liegt, El Castillo del Principe im Stadtteil Vedado.

Bummm! Nach dem Abfeuern des Kanonenschusses liegt eine eigenartige Ruhe über der Festung de la Cabaña. Eine Ruhe, die sich so langsam verzieht wie der Rauch des Kanonenfeuers. Zur Kolonialzeit kündigte der Cañonazo de las nueve, der Neun-Uhr-Kanonenschuss, das Schließen der Stadtmauer an.

La Fortaleza de la Cabaña auf der Ostseite der Hafeneinfahrt gilt als die beeindruckendste Festung, einst mit Platz für 5000 Soldaten. Mit 700 Meter Länge ist sie die größte Festung Lateinamerikas. Sie entstand 1763–74 als zweite Sicherung, nachdem El Morro von den Briten eingenommen worden war.

El Castillo del Morro liegt einen Kilometer weiter nördlich. Die erste Pflicht hieß, den Eingang zur Bucht von Havanna zu sichern. Piratenangriffe waren der Auslöser, das Bollwerk auf dem Fels El Morro zu bauen. 1588 wurde mit dem Bau an der engsten Stelle der Hafeneinfahrt begonnen, 1630 war er vollendet. Der Leuchtturm kam 1845 hinzu.

Genau gegenüber, als Pendant zu El Morro, steht an der Hafeneinfahrt die Fortaleza San Salvador de la Punta. Sie ist deutlich kleiner als das mächtige Visavis und wurde beinahe zeitgleich errichtet. Nachts wurde zwischen den Festungen eine Kette gespannt, um die Einfahrt feindlicher Schiffe zu verhindern.

Die älteste Festung ist El Castillo de la Real Fuerza am Rand der Altstadt. Sie wurde 1558 auf den Ruinen einer älteren Festung aufgebaut. Das heute in Vedado liegende Castillo del Principe (1767–79) diente einst zur Sicherung der Stadt gegenüber dem Hinterland. Sie kann als einzige Festung nicht besucht werden. Die Polizei hat ihr Hauptquartier darin.

TIPP: Von El Morro hat man den besten Blick auf Havanna. www.autenticacuba.com

Sterne mit Charme – Hotel »Nacional de Cuba«

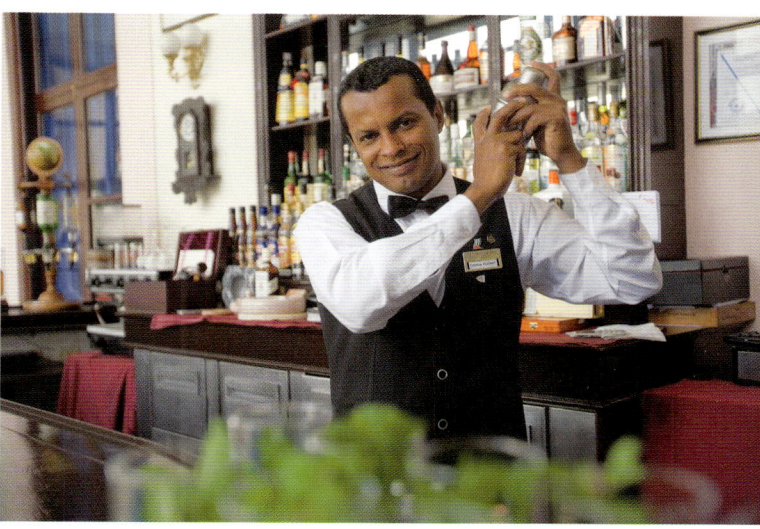

7 Sterne mit Charme – Hotel »Nacional de Cuba«

Mafiosi-Stolz mit KP-Muff

Im Dezember 1930 öffnete der mächtige und wunderschöne Hotelbau, damals am Stadtrand gelegen, erstmals seine Pforten. Bald kam das »Who's who« aus aller Welt, aus jeder Branche. Und bis heute ist das Hotel »Nacional de Cuba« einen Besuch wert.

Dem zweitürmigen Hotelbau (oben links), etwas oberhalb des Malecón in exponierter Lage, diente das »Breakers« in Palm Beach, Florida, als architektonisches Vorbild. Heute versprüht das Hotel noch immer Charme. Barmixer im Hotel »Nacional de Cuba« (oben rechts)

In der Lobby geht es zu wie in anderen Hotels gehobener Klasse auch. Die Bell Boys kümmern sich vorbildlich um die Koffer, die Rezeptionistin organisiert freundlich das Check-in. Nur der Concierge könnte im ähnlich gestalteten »Breakers« in Palm Beach, Florida, wohl bald im Personalbüro seine Papiere abholen. Das »Breakers« war das architektonische Vorbild für das »Nacional« und beschäftigt Top-Concierges. Der Kollege aus Havanna aber hat (heute?) keine Lust und brummt irgendetwas von das gäbe es nicht, dies ginge nicht und das sei sowieso unmöglich … KP (Kommunistische Partei)-Muff im ehemaligen Mafiosi- und Star-Hotel.

Trotz manchem Servicedefizit hat die alte Dame »Nacional de Cuba« ihren 80. Geburtstag prima hinter sich gebracht. Der große Glanz des Hauses ist zwar weg, aber Atmosphäre hat es immer noch. Die Auffahrt mit der Königspalmenallee auf der kleinen Anhöhe über dem Malecón, aber auch die renovierten Innenbereiche lassen erahnen, wie es war, als Marlon Brando hier abstieg, Winston Churchill im Ledersessel eine Havanna rauchte oder Frank Sinatra für die Mafia ein Privatkonzert gab. Die Zimmer 211 bis 213 waren einst für ein geheimes Mafia-Meeting gebucht, Sinatra wohnte nebenan in 214 für die Unterhaltung am Abend … Doch Künstlerkollegen wie Nat King Cole oder Josephine Baker waren unerwünscht. Die Mafiosi wollten keine Schwarzen im Hotel sehen. Nach der Revolution verkam das Hotel zunächst, zeigt sich aber heute immerhin auf der Höhe eines Vier-Sterne-Hotels nach internationalem Maßstab.

TIPP: Hotel »Nacional de Cuba«, Calle 0, Vedado. Zimmer unbedingt, weil günstiger, schon in der Heimat buchen, am besten über www.aventoura.de oder www.fti.de.

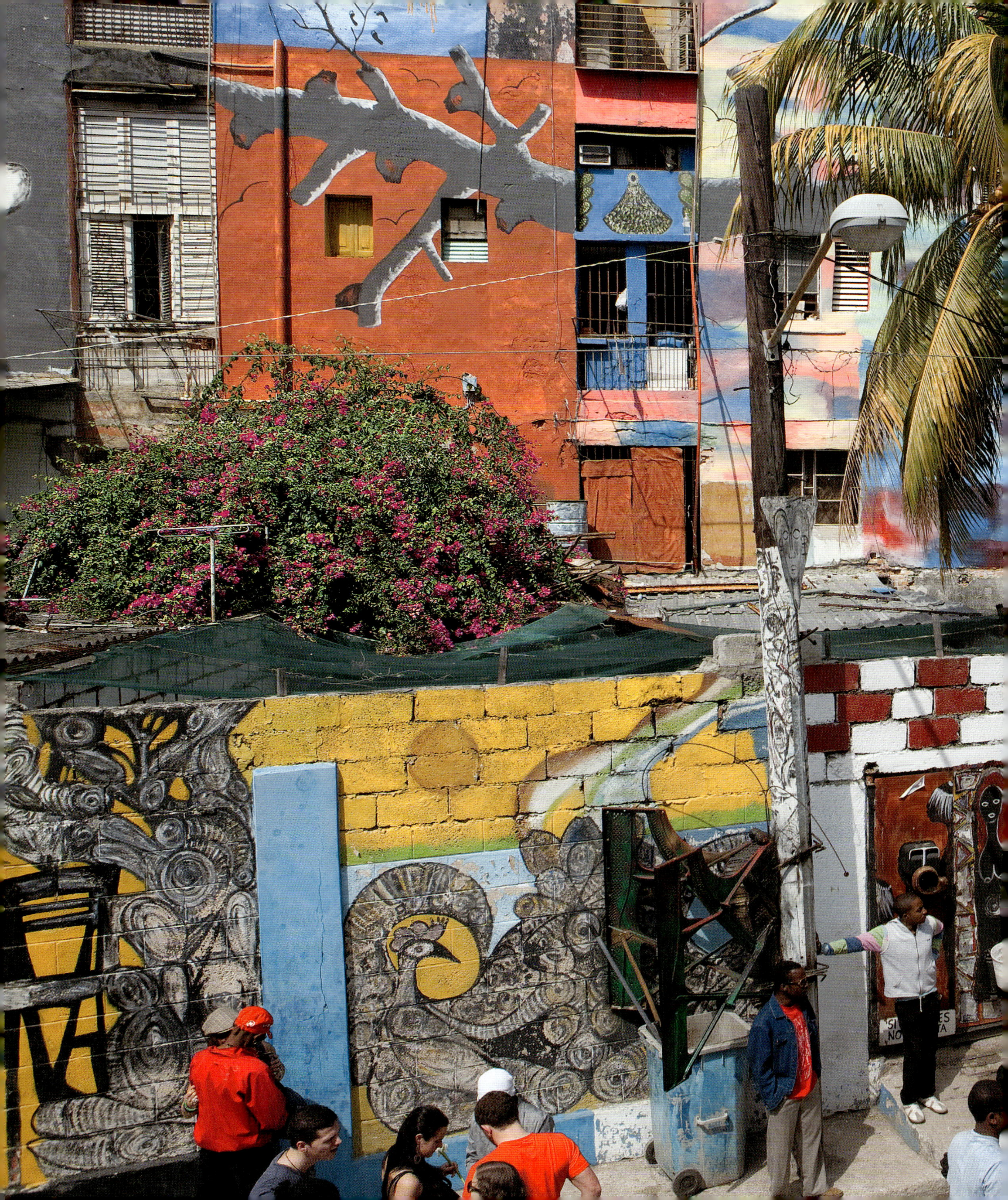

Bunt, bunter, Hamelgasse: Die Callejón de Hamel ist am Sonntag ein Muss, zumindest, wenn man Straßenkunst und Rumba liebt ...

Havanna

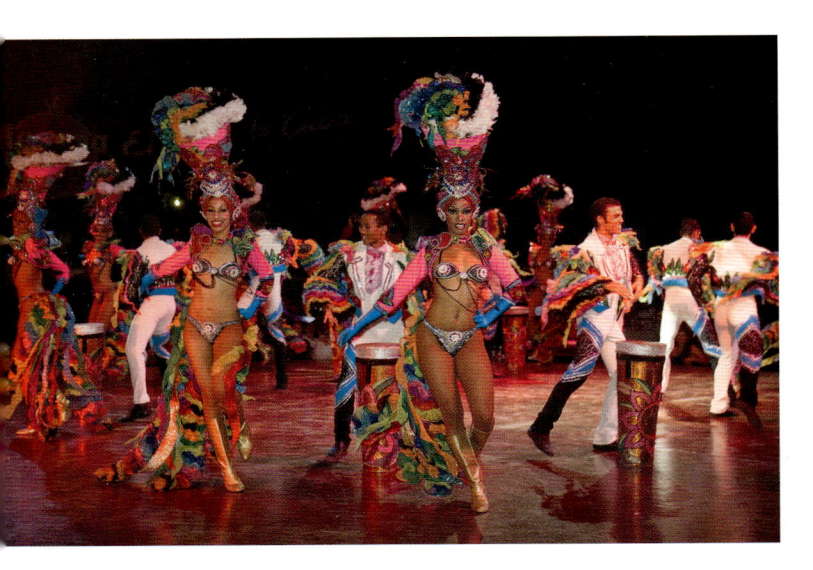

Leicht bekleidete Mädchen mit prächtigem Glitzer- und opulentem Kopfschmuck (oben links): So kennt man das »Tropicana Cabaret« vor den Toren Havannas. Weltstars wie Marlon Brando und Frank Sinatra machten den Nachtklub berühmt, der bis heute jeden Abend mit einer Show aus Licht, Kostümen, Tanz und Erotik Besucher aus aller Welt anlockt (oben rechts).

8 Legendär abtanzen – »Tropicana«

Der letzte Glamour

Legendär und verrucht, oft verglichen mit dem Pariser »Lido« und seit der Silvesternacht 1939 ein Dauerbrenner: Das »Tropicana« passt nicht richtig ins Saubermann-Image des sonst so spröden KP-Havannas, wenn da nicht die Devisen wären ...

Wow! Diese Damen sehen wirklich umwerfend aus! Um 22 Uhr wird die Nacht zum Tag in Havanna. Rund zwei Stunden lang gibt sich das »Tropicana« so, als würden noch die Goldenen Dreißiger röhren – mit Tanz und Show, Rum und Mädchen, Glanz und Gloria. Sicher, die ganz großen Glamourzeiten sind vorbei. Dennoch spüren die Besucher in diesem Freiluft-Cabaret noch immer das Flair des alten, des verruchten Havanna vor der Revolution. Fast textilfrei geizen die Tänzerinnen nicht mit Reizen. Lediglich der Federschmuck auf dem Haupt geht als züchtig durch. Es war diese Freizügigkeit mit künstlerischem Niveau, die Weltstars wie Marlon Brando oder Frank Sinatra anlockte. Sie machten den Nachtklub schnell berühmt. Und das wunderbare Schauspiel aus Licht, Kostümen, Tanz und Erotik ist geblieben. Bis heute kommt auf die Gästetische Rum, je nach Eintrittskarte drei- oder fünfjährig oder noch älter.

Nach eigenen Angaben besuchen jährlich um die 250 000 Gäste – alle aus dem Ausland, weil sich kaum ein Kubaner das Spektakel leisten kann – das »Tropicana«. Die angeblich identischen Shows in Varadero und Santiago de Cuba sind hier noch nicht mitgerechnet! Diese kommen übrigens an das Original nicht heran. Nach der Revolution ging es allerdings erst mal steil bergab. Fidel Castro schloss alle Kasinos im Land, auch dem »Tropicana« drohte das Aus. Doch bald sah man ein, dass man mit dem neuen Staatseigentum auch kräftig Devisen verdienen kann. Ein bisschen Scheinheiligkeit musste also sein: Man wolle dem Publikum die kubanische Kultur näherbringen, hieß es schließlich von offizieller Seite.

TIPP: »Tropicana«, Calle 72, Tel. (537) 267 17 17. Der Eintritt ist teuer (rund 60 Euro). www.cabaret-tropicana.com

Bühne frei – Callejón de Hamel

9 Bühne frei – Callejón de Hamel

Das Erbe Afrikas

Die Gasse Callejón de Hamel ist sonntags die Stätte mit der vielleicht besten Rumba in der Hauptstadt, bei der jeder, ohne Eintritt bezahlen zu müssen, eine geradezu ansteckende Atmosphäre unter Einheimischen genießen kann.

Die Callejón de Hamel, die Hamelgasse von Havanna, wird häufig übersehen. Dabei erlebt man dort sonntags die authentischste Rumba in der Stadt (oben rechts), und häufig steht, wie bestellt, auch noch ein Oldtimer vor einem der großen Wandgemälde (oben links).

Juan ist Rastafari, Carlos gilt als politisch engagierter Intellektueller, Anna-Maria malt, und José gibt am Schlagzeug den Rhythmus vor. Sie alle treffen sich sonntagnachmittags zur Rumba in der kleinen Hamelgasse von Havanna. Sie ist so etwas wie das Zentrum des afrikanischen Erbes der Kapitale. Wichtige Elemente der Rumba kommen schließlich aus Schwarzafrika, sie wurden von den Spaniern verbannt und mussten erst langsam wiederentdeckt werden. In der Callejón de Hamel bewegen sich die Tänzer geschmeidig im Rhythmus der Rumba vor den Wänden mit den zahlreichen farbenfrohen Wandgemälden der Gasse in Havannas Viertel Cayo Hueso, nur ein paar Schritte vom Malecón (siehe Highlight 1) entfernt. Ein Weißer fühlt sich beim Anblick der Tänzerinnen und Tänzer so beweglich wie ein Bügelbrett. Besonders auffallend ist das, wenn der männliche Tänzer mit einer Beckenbewegung versucht, die Dame zu berühren, die aber wiederum neckisch-erotisch ausweicht. Dann tobt das fachkundige Publikum begeistert. Der Maler und Bildhauer Salvador González Escalona gilt als Vater der Hamelgasse. Seine Werke sind international geachtet und auf mehreren Kontinenten in Museen und Privatsammlungen ausgestellt. 1990 begann er, die Gasse mit riesigen Wandgemälden auszuschmücken. Heute wirkt sie – nicht nur sonntags bei der Rumba – wie eine Kunstgalerie im Freien, denn keines der Gemälde ist als Improvisation entstanden. Die Bilder mit Motiven afrokubanischer Traditionen entstanden allesamt nach intensiven Recherchen des Künstlers. »Es gibt kein Heute ohne das Gestern«, lautet das Credo von Salvador.

TIPP: Eispalast »Coppelia«, Schauplatz des Films *Erdbeeren und Schokolade*; Calle 23a Ecke (Calle L. Vedado. www.autenticacuba.com

Der Westen
Das Land des Tabaks

Wenn der Nebel über dem Valle de Viñales hängt, wirkt die Landschaft wie aus einem Märchen (links). Tatsächlich wird dort aber auf den Tabakfeldern hart gearbeitet (oben): 80 Prozent des kubanischen Tabaks kommen aus dem Westen, während andere ihre Hände zum Zupfen der Gitarre nutzen (unten).

Der Westen

12 Einfach zauberhaft – Valle de Viñales

Felder und Felsen

In Pinar del Río endet die Autobahn, die von Havanna in Kubas Westen führt. Die 180 Kilometer von der Hauptstadt entfernte Gegend punktet mit einem Naturjuwel: Das Tal von Viñales zählt zu den schönsten Landschaften der Karibikinsel. Ausgangspunkt zur Erkundung dieses Tabakanbaugebiets, zu riesigen Höhlen und schroffen Kalksteinfelsen ist der beschauliche Ort Viñales.

Bananenplantagen und Ochsenkarren gehören zum Alltag im Tal (unten). Eine Combo unterhält die Gäste einer Bar mit einem kubanischen Ständchen (rechts).

Das älteste Restaurant im ältesten Gebäude der kleinen Stadt Viñales wird man gerne zum Dreh- und Angelpunkt für Ausflüge ins Tal von Viñales wählen. 1822 wurde in der Calle Salvador Cisneros die »Casa de Don Tomás« errichtet; seit 1889 gibt es hier Köstlichkeiten von Schwein, Huhn und Fisch. Und wie praktisch: Gleich daneben kann man sich Fahrräder oder Motorroller ausleihen für eine ausgedehnte Tour durch das Tal von Valle de Viñales. Warum auch hetzen? Die beschauliche Ruhe, die die Tabakbauern verbreiten, ist ansteckend. Eine Zigarre raucht man nicht einfach so nebenher, auf sie muss man sich einlassen, auf sie hat man sich zu konzentrieren, und sie zu genießen erfordert ein gewisses Maß an Ruhe. Davon haben die Bewohner von Viñales mehr als genug. Welches Zweirad zu wem am besten passt – nach einer Zigarre weiß man mehr! Erstaunlich ist auch, wie scheinbar festgeklebt die Zigarre am Mund bei diesem Gespräch über Räder, Tabak und Gegend bleibt … Zigarren aus der Tabakprovinz um Pinar del Río (siehe Highlight 14), Zigarren aus dem Valle de Viñales: Hier wird der Tabak angebaut, den Raucher auf der ganzen Welt schätzen. Etwa 80 Prozent des kubanischen Tabaks wird in der Region geerntet.

Havana Club
El Ron de Cuba
OFERTAS
Pizzas
Spaguettis
Bocaditos
Mojito
Cuba Libre
Daiquiri
COMIDA
CRIOLLA

Der Westen

Die »Casa Don Tomás« ist das älteste Restaurant im Tal von Viñales (oben). Im Hotel »Los Jazmines« erzeugen bunte Fensterscheiben und einfallende Sonnenstrahlen Lichtkunst (unten). Die Evolutionsgeschichte auf 180 Metern: Mural de la Prehistoria (rechts oben). Ein Schwein vom offenen Feuer zählt zu jedermanns Leibgerichten (rechts unten).

Von Pinar del Río sind es gut 30 Kilometer zu diesem außergewöhnlichen Naturerlebnis, das die UNESCO 1999 zur Kulturlandschaft der Menschheit erhob. Das Tal liegt inmitten von Bergen in der Sierra de los Órganos. Überall ragen Kalkfelsen in die Höhe, die sogenannten Mogotes. Sie sind, zusammen mit diversen Höhlen, die Hauptattraktion im Tabaktal und in dessen unmittelbarer Nähe und lassen sich mit dem Fahrrad, zu Fuß oder auch auf dem Rücken eines Pferdes gut erkunden. Busunternehmen bieten das gesamte Sightseeingprogramm: Besuch von Tabakfeldern, Zigarrenfabrik, Tropfsteinhöhle, Viñales-Tal und ein Essen in einem hübschen Open-Air-Restaurant – sogar alles an einem Tag. Aber wer will schon hetzen?

Höhlen und Kunst im Kalkterrain

Dies ist der geologisch älteste Teil von Kuba – die Kalksteinfelsen sind mehr als 150 Millionen Jahre alt. Das weiche Kalkgestein ist porös und lässt das Regenwasser gut im Erdboden versickern – ideal für den Anbau von Tabak in den Wintermonaten und für Süßkartoffeln oder auch Bananen im übrigen Jahr. Palmfarn wächst, zahllose Engelstrompeten duften ganz typisch nach Zimt, darum gruppieren sich Kiefern und Mahagonibäume aus der Urzeit. Und zwischen den Felsen, die schroff wie Kegel in die grüne Landschaft ragen, gedeiht auch das braune Gold zu einem Tabak erster Güte und Qualität. Orgelberge werden die Kalksteinfelsen genannt, die sich auf dem 22 000 Quadratkilometer großen Gebiet verteilen. Das Felsgestein wird durchzogen von unzähligen Höhlen, die durch Flüsse entstanden sind und sich ihren Weg durch das Felsgestein gegraben haben. Wer sich von Viñales aufmacht, die Umgebung zu erkunden, muss nicht weit fahren oder wandern – im Tal der zwei Schwestern, dem Valle de las dos Hermanas, fällt schon von Weitem etwas ganz anderes auf: ein riesiges Gemälde an einem der Felsen und die Musik einer Drehorgel, die über das Tal weht. In leuchtenden Farben wird die Evolutionsgeschichte erzählt. Mehr als 180 Meter lang ist das Gemälde, in dem Leovigildo González Morillo Dinosaurier, Schnecken und auch den Homo sapiens gemalt hat. Der Schüler des mexikanischen Muralisten Diego Rivera schuf die weithin sichtbare Felsenmalerei *Mural de la Prehistoria* in sieben Jahren, zwischen 1959 und 1966. Er und Bauern aus der Gegend ließen sich damals an Seilen die Wand hinab, um sie großflächig auszumalen. Mehr über die Malerei an der Wand kann man im kleinen Museum nebenan erfah-

ren. Die Drehorgel gehört zu einem Restaurant am Fuße des bemalten Kalksteinfelsens, das Spanferkel vom Grill anbietet.
Nicht weit vom *Mural de la Prehistoria* entfernt stößt man auf die Comunidad Los Aquáticos. Die kleine bäuerliche Gemeinde glaubt an die Heilkraft des Wassers – und mittlerweile auch an die Nützlichkeit von Solarzellen. Wanderer und Reiter sind gern gesehene Gäste und werden von den Führern auch zu der Gemeinde gebracht, die vor mehr als 100 Jahren von Antonica Izquierdo gegründet wurde.

Spuren entlaufener Sklaven

Ein Blick in die Karte genügt – von Viñales ist es noch ein Stückchen durchs Tal von San Vincente zu den beeindruckenden Höhlen: Es sind noch gute sechs Kilometer. Wandern, Rad, Pferd? Auch ein Shuttlebus fährt regelmäßig vom Hauptplatz in Viñales zum *Mural de la Prehistoria* und zu den größten Höhlen.
140 Quadratmeter ist die Cueva de San Miguel groß, die einst als Versteck für entflohene Sklaven diente. Wer durch den Tunnel auf die andere Bergseite marschiert, landet im Palenque de los Cimarrones. Im ehemaligen Wehrdorf für entlaufene Sklaven gibt es heute ein Restaurant, das gleichfalls Schweinefleisch vom Holzkohlengrill anbietet.
1920 wurde die Cueva de los Indios entdeckt. Man geht davon aus, dass diese Gegend Kubas schon 4000 v. Chr. besiedelt war. Zahlreiche Fundstücke und Knochen lassen darauf schließen. Das gesamte Höhlensystem ist gut 1600 Meter lang, den Besuchern steht aber nur ein kleiner Teil der Höhle, die aus mehreren Sälen besteht, zur Besichtigung frei. Dafür kann man einen unterirdischen Fluss mit dem Boot befahren.

Dorado für Höhlenforscher

Auf dem westlichen Weg Richtung Küste nach Santa Lucia erreicht man, 18 Kilometer von Viñales entfernt, die Cueva Santo Tomás. Diese Höhle wurde 1954 von Antonio Nuñez Jiménez erforscht, und sie sollte sich als Fundstück erster Güte erweisen: Mit einer Länge von 46 Kilometern ist die Höhle Santo Tomás das größte Höhlensystem, das auf Kuba erschlossen wurde. Innerhalb Lateinamerikas ist diese Höhle die drittgrößte ihrer Art. Kein Wunder, dass schon eine (Teil-)Besichtigung gut zwei Stunden dauert. Die Führer sind Experten auf ihrem Gebiet, denn hier befindet sich auch die Ausbildungsstätte für Höhlenforschung, benannt nach Jiménez, dem Entdecker der Höhle. Festes Schuhwerk ist unbedingt nötig, wenn man sich auf Erkundungstour in die Höhle begibt. Auf sieben Ebenen breitet sich die Höhle mit Stalagmiten und Stalaktiten aus. Die Untergrundgalerien bekamen Namen wie Salón des Caos (Chaos-Salon), Tinieblas (Dunkelheit) oder Increíble (Unglaublich). Auch kleine unterirdische Seen entdeckt der Besucher der Höhle, die auch Heimstatt für jede Menge Fledermäuse ist. Zurück ans Tageslicht und noch eine Zigarre to go? Dann laden zum Schluss die Strände bei Santa Lucía ein, den Tabak aus dem Tal von Viñales noch einmal zu genießen. Das Inselchen Cayo Jutías erreicht man über einen vier Kilometer langen Damm, der sich westlich von Santa Lucia erstreckt. Eine türkisfarbene Bucht mit weißem Puderzuckerstrand wartet dort ... Also, nichts wie hin!

SCHWEIN IM OFEN

Von Zigarrenduft und -rauch allein kann man nicht leben, und das muss man auch nicht, weder im reizvollen Tal von Viñales noch im gleichnamigen Ort. Kreolische Küche wird ebenso angeboten wie vielerorts Schweinefleisch vom Holzkohlengrill. Dieses Gericht gibt's zum Beispiel im »Palenque de los Cimarrones« täglich zwischen 12 und 16 Uhr.
Eine Spezialität ist Spanferkel aus dem Ofen (Cerdo Asado y Ahumado), wie man es auf der »Ranchón San Vincente« bekommt: außen knusprig, innen zart, serviert mit Moros y Cristianos, weißem Reis mit schwarzen Bohnen. Das Lokal hat nur abends geöffnet und ist bei Regen geschlossen, denn man sitzt im Freien.
Neben der Cueva de los Indios liegt die empfehlenswerte »Finca San Vicente«. Sie hat täglich von 12 bis 17 Uhr geöffnet und ausschließlich Spanferkel auf der Speisekarte.

WEITERE INFORMATIONEN ZUM VALLE DE VIÑALES

»Palenque de los Cimarrones«, Cueva de San Miguel
»Ranchón San Vincente«, bei Kilometer 38 im Valle de las dos Hermanas
»Finca San Vicente«, Cueva de los Indios. Die Preise für eine Portion liegen zwischen 5 und 10 Euro.

Tabak ist das Brot des Westens. Viele leben davon, wie die Männer, die ernten (oben), und diejenigen, die aus den getrockneten Blättern erst die wohlfeilen Zigarren drehen (rechts unten). Guaven bilden die Grundlage für den beliebten Guayabita del Pinar (rechts oben).

13 So weit das Auge reicht – Die Tabakfelder

Das braune Gold

»Ich verzichte auf den Himmel, wenn ich dort keine Zigarre rauchen darf« – so pries schon Mark Twain die Vorzüge der Zigarrenkultur. Eines der weltweit besten Tabakanbaugebiete liegt auf Kuba, und zwar in der Gegend nahe Pinar del Río in Vuelta Abajo. Aber Achtung: Nur Zigarren, die in Havanna gedreht werden, heißen auch nach der Hauptstadt. Alle anderen Zigarren dürfen diesen Namen nicht verwenden.

Das ehemalige Gefängnis von Pinar del Río (siehe Highlight 14) birgt ein Eldorado für Zigarrenfreunde und Raucher: die Fábrica de Tabacos Francisco Donatién. Hier bekommt man einen ersten Einblick in die Herstellung der Zigarren, deren klangvolle Namen wie Cohiba, Montecristo oder H. Upman das Herz vieler Zigarrenraucher höher schlagen lassen. Es waren die kubanischen Indianer, die den spanischen Eroberern beibrachten, getrocknete braune Blätter zu rollen, sie anzuzünden und durch den Rauch Wohlbefinden zu erleben. Bald schon wussten die Spanier und nach ihnen die Engländer und Portugiesen, dass es beim Tabakrauchen auf die richtige Mischung und vor allem auf die richtige Dosis ankam – obwohl sie Tabak und was man mit ihm anstellen konnte, lange für Teufelszeug hielten. Denn gleichwohl stand Tabak bei den Indianern im Mittelpunkt religiöser Riten, er konnte in Trance versetzen, und er wurde auch aus medizinischen Gründen angepflanzt.

Dass der Handel mit Tabak lukrativ sein konnte, das merkte man in Spanien schon im 16. Jahrhundert. Und dass besonders guter, um nicht zu sagen der beste Tabak von Kuba in der Gegend um Pinar del Río wächst, hatten die europäischen Eroberer auch schnell heraus. So wird in Vuelta Abajo nach wie vor reger Tabakanbau betrieben, wie auch im Valle de Vi-

So weit das Auge reicht – Die Tabakfelder

ñales (siehe Highlight 12). Das Klima ist warm und feucht, der Boden lehmig-rot. Gerne zeigen die Tabakbauern gegen ein kleines Entgelt ihre Felder und ihre Trockenschuppen und lassen ihre Fingerfertigkeit beim Rollen einer Zigarre spielen.

Tabakfelder, so weit das Auge reicht

Eine Zigarre zu rauchen setzen viele gleich mit konzentrierter Entspannung, mit Ruhe und dem Abschalten von Hektik und Alltag. Die sinnliche Lust, gemächlich eine Zigarre zu rauchen, besingen die Sänger in der Karibik in unzähligen Liedern. Winston Churchill und Al Capone, Thomas Mann und Pablo Picasso, aber auch Fidel Castro waren oder sind bekennende Zigarrenraucher. Nur Männer? – Mitnichten! Schon Marlene Dietrich, Gertrude Stein und später Jodie Foster reihten sich ein in die lange Liste der Aficionados, der Zigarrenliebhaber. In den Wintermonaten zwischen Ende Oktober – nach der Regenzeit – und manchmal bis März wachsen die grün-silbrigen Tabakblätter auf den flachen Feldern in Vuelta Abajo. Geerntet wird je nach Witterung zwischen Januar und März. In den Sommermonaten übrigens liegen die Felder nicht brach, sondern werden mit Mais, Bananen oder Süßkartoffeln bepflanzt. Zwischen den Feldern erkennt man Schuppen ohne Fenster, die nichts gemein haben mit den windschiefen bunten Bauernhäusern. Bei ihnen handelt es sich um Trockenschuppen für den Tabak, Casas de Tabaco. Heiß geht es darin zu, damit die Tabakballen ihre Feuchtigkeit ausschwitzen können. Reihe um Reihe hängen die Blätter bis hinauf ins Dach, wobei sie – je höher sie hängen – trockener und trockener werden.

Zigarren mit Tradition

Damit die Tabakblätter eine gleichmäßige Färbung erhalten und damit sie von gleichbleibender Qualität sind, werden die Blätter befeuchtet und drei Mal fermentiert. Zur ersten Fermentierung decken die Tabakbauern ihre Ernte mit Palmblättern ab und lassen die Blätter darunter zwei Monate lang ziehen. Es kommt auf die Tabaksorte an, wie lange die Fermentation dauert – mitunter sogar bis zu drei Jahre.
Ein Großteil der Tabakernte wird in den Fabriken in Havanna weiterverarbeitet. Das Partagás gehört zu den berühmten und traditionsreichsten Zigarrenfabriken auf Kuba. Seit 1845 werden dort Partagás-Zigarren hergestellt, deren Charakter insbesondere auf Tabake aus der Region Vuelta Abajo zurückgeht.

TROCKEN ODER SÜSS?

Dazu scheiden sich die Geister ... Der Guayabita del Pinar fließt in beiden Geschmacksvarianten die Kehlen hinunter. Das typische Getränk für die Gegend um Pinar del Río ist kein Rum und kein Whisky – Guayabita ist einfach ein Likör aus Guaven.
Mehr als 200 Jahre alt sind die Rezepte, nach denen der Guavenlikör gebraut wird. Das kann man mit ansehen bei einer Besichtigung der Fábrica de Bebidas Casa Garay. Die ausgewählten Guaven weichen in einem mit Alkohol gefüllten Eichenholzfass auf und geben dabei Duft und Geschmack ab. Der Alkohol nimmt die Farbe von flüssigem Bernstein an. Guavenlikör sagt man nach, dass er an kalten Morgen den Hals wärmt und eine verdauungsfördernde Wirkung hat. Die kleine Führung durch die Brennerei endet selbstredend mit einer Verkostung des Likörs, der in einer trockenen (seco) und süßen (dulce) Variante angeboten wird.

WEITERE INFORMATIONEN ZU DEN TABAKFELDERN

Fábrica de Bebidas Casa Garay: Calle Isabel Rubio Sur 189, Pinar del Río

Auch in Pinar del Río, dem wichtigsten Ort im Westen Kubas, fahren noch häufig schöne Oldtimer auf den säulenbestandenen Straßen.

14 Lebendiger Stilmix – Pinar del Río

Erst Pinien, dann Tabak

Eine typische kubanische Provinzstadt ist Pinar del Río eigentlich nicht, denn den Leuten geht es im Vergleich zum Rest des Landes noch recht gut. Weil Cohiba, Romeo y Julieta und Montecristo in der Tabakhauptstadt für bescheidenen Wohlstand sorgen.

Mitten in Pinar del Río, auf der quirligen Hauptstraße, der Calle Martí, lässt einem der Stadtname keine Ruhe. Wird doch Pinar del Río die Hauptstadt des Tabaks genannt, obwohl es die Pinienwälder waren, die der Stadt ihren Namen gaben. Nueva Filipina nannten spanische Siedler die Stadt, die sie 1571 gründeten, weil sie in der Gegend Tabak anbauten. Einfach merkwürdig …

Heute hat Pinar del Río, rund 150 Kilometer westlich von Havanna am Río Guamá gelegen, 190 000 Einwohner. Selbstbewusst waren sie schon immer, das machten die Tabakbauern deutlich, als sie 1845 das Teatro Milanés errichten ließen. Alles im Superlativ: die Inneneinrichtung kostbar mit einheimischen Edelhölzern, auf der Bühne die besten Ensembles ihrer Zeit. Noch heute finden im renovierten Gebäude Veranstaltungen statt. Die Welt zu Gast in Pinar del Río – das war wohl auch das Ansinnen von Francisco Guasch, der 1914 an der Calle Martí einen Palast errichten ließ; in einem Stilmix von griechisch bis ägyptisch, vom Mittelalter bis zum Art déco. Jetzt zeigt darin ein Naturkundemuseum Fossilien, Krokodile und Dinosaurier.

Heutzutage kommen rund 80 Prozent der gesamten Tabakproduktion des Landes aus der Gegend um Pinar del Río. Cohiba und Romeo y Julieta oder Montecristo sind für alle Zigarrenliebhaber ein Begriff. Mehr noch: Da schnalzen die Kenner mit der Zunge, gehören diese Zigarren nicht nur zu den besten des Landes, sondern spielen auch in der Weltklasse mit. Und wer das passende Getränk dazu sucht, muss auch nicht weit gehen: In der Brandyfabrik Bebidas Case Garay kann man zuerst eine Führung machen, den guten Brandy kosten und schließlich ein Fläschchen erwerben …

15 Farbenfrohe Orchideen – Soroa

Kleines Dorf, prächtige Blüten

Soroa ein Dorf zu nennen, ist etwas übertrieben. Aber trotzdem lohnt sich ein Stopp in dem Weiler, wenn man sich auf den Weg nach Westen macht, denn es gibt einiges zu bewundern und zu erleben, besonders zwischen Dezember und März ...

Soroa mit seinem Orchideengarten, wo man auch picknicken kann.

Von seiner farbenfrohesten Seite zeigt sich der Orchideengarten von Soroa, mit 3,5 Hektar einer der weltweit größten, zwischen Dezember und März. Mehr als 700 Arten wurden seit der Gründung 1943 zusammengetragen. Tomás Felipe Camacho, ein Spanier, legte das Orquideario ursprünglich für seine Tochter an.

Von Reisen brachte er die Pflanzen mit, sodass die Sammlung nach und nach auf mehr als 6000 Zierpflanzen anwuchs, darunter auch viele kleine und zierliche Exemplare, die nur wenig mit unseren eleganten Zimmerorchideen zu tun haben. Die Universität von Pinar del Río (siehe Highlight 14) ist der Verwalter und bietet Führungen an.

Wer vom Orchideengarten hinaufspaziert zum Castillo de las Nubes, dem Wolkenschloss, wird mit einem grandiosen Blick bis zur Küste belohnt. Direkt beim Orquideario stürzt auch der Wasserfall El Salto 30 Meter tief in ein natürliches Bassin. Und das Baden ist sogar erlaubt! Ein herrlich erfrischendes Vergnügen, aber aufgepasst: Die Steine sind sehr glatt! Einen zwei Kilometer langen Fußweg und 158 Stufen muss man dagegen auf sich nehmen, um zum Mirador de Venus zu gelangen, einem 375 Meter hohen Aussichtspunkt. Man blickt ins Tal von Soroa, wo der Dorfnamensgeber Ignacio Soroa eine riesige Kaffeeplantage besaß.

Für Pferdefreunde soll noch erwähnt sein, dass einige der Dorfbewohner Pferde nicht nur besitzen, sondern diese auch für ein paar CUC zum Ausritt vermieten. Und wer nicht reiten kann, bekommt sogar den ersten Reitunterricht seines Lebens ... Alles in allem kein schlechtes Angebot für ein Dörfchen, das 80 Kilometer westlich von Havanna nur aus ein paar Häusern, einem Hotel und wenigen Einwohnern besteht.

Vier der sieben Meeresschildkrötenarten leben im Nationalpark Guanahacabibes. Am Cabo San Antonio erreicht man den westlichsten Punkt von Kuba.

16 Paradiesisch – Nationalpark Guanahacabibes

Der wilde Westen

Einsam und verlassen ist man da draußen am westlichsten Zipfel Kubas, der aber genau durch diese unglaubliche Ursprünglichkeit der Natur punktet. Dabei hat die Gegend sogar Historie: Die kubanischen Revolutionäre errichteten dort einst Zwangsarbeitslager …

Der Wind peitscht die mächtigen Wellen an den dunklen Sandstrand, auch die Palmen und das Gebüsch neigen sich demütig in Windrichtung. Die Bäume und Sträucher sind nicht hoch, sondern alle noch jung. Das Cabo San Antonio ist der westlichste Punkt von Kuba und die Eintrittsschneise für Hurrikans, die beinahe jährlich im September und Oktober auftreten. Zuletzt gingen Wilma, Ike und vergleichsweise glimpflich Matthew an Land und zogen über die Insel.

Der Nationalpark Guanahacabibes, seit 1987 ein UNESCO-Biosphärenreservat, gehört zu den unberührtesten Flecken auf Kuba. Dass vier der sieben Meeresschildkrötenarten auf dieser Halbinsel überlebt haben, ist ein wissenschaftlicher Beweis dafür. Kein Mensch ist zu sehen, weit und breit nur unberührte Natur, ohne Strommast oder Teerstraße, ohne Sonnenschirm oder Liegestuhl. An Kubas westlichem Inselende ist man fernab der Zivilisation. Wer dort nicht entschleunigt, wird es wohl nirgends mehr schaffen … An der Südseite der Halbinsel finden sich einsame Sandstrände, besonders an der Bucht von Corrientes, die mit dem gleichnamigen Kap als südlichstem Punkt abschließt. Bizarr wirken dagegen die Kalksteinformationen und die zahlreichen Höhlen. Die politische Kehrseite: Während der Kubanischen Revolution wurden in diesem wilden Westen ab 1960 Zwangsarbeitslager eingerichtet, um Gegner der Revolution durch harte körperliche Arbeit umzuerziehen. Die nächste Unterkunft, das Hotel »María La Gorda« in Sandino, ist knapp 100 Kilometer entfernt. Auf ungeteertem Weg bedeutet das mehrere Stunden Fahrt. Wer sich also aufmacht in Kubas wilden Westen, sollte sich mit Wasser und Verpflegung eindecken.

17 Korallen und Puderzuckersand – Cayo Levisa

Ideal zum Faulenzen und Erholen ist Cayo Levisa.

Unbekanntes Kleinod

Es gibt so manchen, der meint, dass der schönste Strand Kubas weder in Varadero noch auf Cayo Coco zu finden sei, sondern auf diesem Inselchen namens Cayo Levisa. Gerade mal 30 Bootsminuten von der Hauptinsel entfernt, sollte zumindest ein Ausflug eingeplant werden.

Am Saum ist das Meer farblos und durchsichtig. Erst Meter für Meter wird es dunkler, geht über Hellblau ins Türkis, bis es dann weit draußen das tiefe Blau des Atlantiks annimmt. Cayo Levisa ist eine Insel ohne große Infrastruktur – bis auf ein Resort –, und noch nicht so überlaufen wie die viel berühmteren kubanischen Cayos, ob sie nun Coco (siehe Highlight 24) oder Largo (siehe Highlight 27) heißen. Dass sich Levisa touristisch noch nicht durchgesetzt hat, mag vielleicht auch daran liegen, dass das Eiland eine Mangroveninsel ist und zeitweilig sehr viele Mücken dort ihr Unwesen treiben ... Cayo Levisa, keine 500 Meter breit und keine fünf Kilometer lang, gehört zum Archipélago de los Colorados mit Dutzenden von kleinen Sand- und Mangroveninseln über einem drei Kilometer langen Korallenriff. 15 Tauchreviere sorgen bei den Unterwassersportlern für Abwechslung. Am nördlichen Ende der Insel liegt der schönste Strand, mit Sand wie Puderzucker und geradezu jungfräulicher Atmosphäre. Die Einheimischen sagen, dass auch Ernest Hemingway zu Besuch war. Er soll regelmäßig fischen gegangen sein und sich dort zu seinem weltberühmten Roman *Inseln im Strom* inspiriert haben lassen. Und der Wermutstropfen, von den Moskitos abgesehen? »Der Zugang zum Hotel ist für Kunden kubanischer Nationalität verboten. Nehmen Sie unsere Entschuldigung entgegen«, heißt es im einzigen Resort, dem Hotel »Cayo Levise«. Rassismus à la Kuba auch im abgelegensten Winkel ... Gut 30 Bootsminuten ist die Insel vom Festland entfernt und wegen der Morgen- und Abendfähre auch ideal für einen Tagesausflug geeignet. An der Festlandstation kann man sein Auto oder Fahrrad abstellen.

Die Mitte

Varadero und die Schweinebucht

So sehen Tropentapetenmotive aus, mit dem Unterschied, dass man diese an Zentralkubas zahllosen Stränden live erleben kann (links). Dazu kommen jede Menge Veranstaltungen (oben) und auch das eine oder andere ausgefallene Restaurant wie an der Laguna del Tesoro (unten).

Die Mitte

18 Das Zentrum der Urlauber – Varadero

Eine Halbinsel als Milchkuh

Hicacos kennt kaum jemand in Deutschland. Aber erwähnt man Varadero, einen Teil der gut 20 Kilometer langen Halbinsel Hicacos, bekommt so mancher einen glasigen Blick. Schließlich gibt es keinen Kuba-Reisekatalog ohne Varadero. Obgleich dort Kuba dem touristischen Karibik-Einerlei am nächsten kommt. Oder ist Varadero vielleicht gerade deshalb so beliebt? Machen wir uns auf die Suche nach dem Geheimnis von Kubas bekanntestem Badeort.

Ein Symbol für die Halbinsel ist die Villa DuPont in bester Lage am Ende eines langen, häufig aber auch sehr gut besuchten Sandstrands (rechts). Auf dem Golfplatz wird weltmännisch auf 18 Loch gespielt (unten).

Am Anfang ist die Schranke. Der schlichte Schlagbaum trennt Varadero vom Rest Kubas und ermöglicht ausschließlich denjenigen Kubanern Zutritt, die in der Badewelt der Touristen nachweislich arbeiten oder wohnen. Das ist auch der Grund, warum man ausgerechnet im größten Ferienort der Insel kaum angesprochen wird im sonst so häufig vorkommenden Stil: »Hey my friend, where are you from? Oh, Germany, I have a good friend in Germany …« (»Hallo mein Freund, woher kommst du? Oh, aus Deutschland, da hab ich einen guten Freund …«)

Hochburg des Fremdenverkehrs

Knapp zwei Millionen Urlauber, davon etwa zehn Prozent Deutsche, besuchen jährlich Kuba. Das bedeutet, dass Deutschland nach Kanada, Italien und Frankreich an vierter Stelle der Herkunftsländer mit den meisten Kuba-Touristen steht. Diese ausländischen Besucher sorgen pro Jahr für rund drei Milliarden US-Dollar Umsatz, die ideologisch gesehen zwar nicht lupenrein sind, aber bekanntermaßen ist einem das Hemd näher als die Hose: Die Zeiten von Marx- und Engelszungen sind passé. Der Touristik-Kapitalismus hat längst Einzug

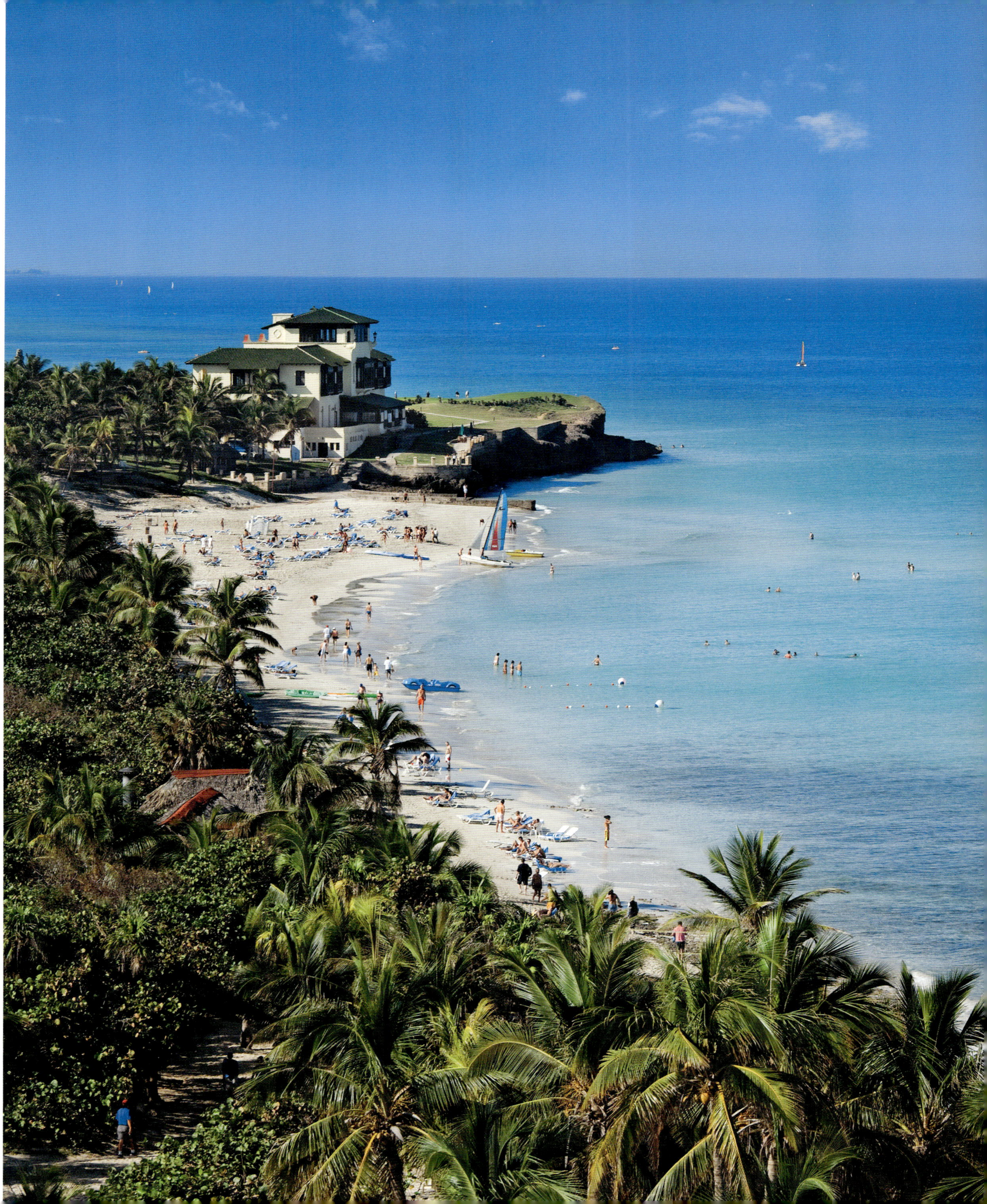

Freiform-Pools jeglicher Art sind typisch für die Varadero-Hotels (oben). Versorgungsengpässe gibt's nicht (rechts oben). Eine Mischung aus Show und Spaß bietet eine Delfin-Vorstellung (rechts unten).

gehalten auf Kuba und ganz besonders in Varadero. Hier säumen Luxushotels spanischer und deutscher Ketten die schöne, vom Meer türkisfarben getönte Küste, und die Pauschaltouristen scheren sich weder um Menschenrechte noch um einen Mindestarbeitslohn, sie sind ja schließlich im Urlaub. Die meisten von ihnen sehen nur einen Bruchteil des Landes, das flächenmäßig etwa ein Drittel von Deutschland ausmacht, und viele sehen kaum mehr als Varadero oder ein Eiland wie Cayo Coco (siehe Highlight 24) oder Cayo Largo (siehe Highlight 27), obgleich es doch insgesamt 4195 Inseln plus ein paar weitere Halbinseln gibt, die zu Kuba gehören.

Wer über Varadero spricht, landet unweigerlich bei Zahlen, die besonders die Liegestuhlfraktion unter den Reisenden beeindrucket: Lufttemperaturen von 25 bis 26 Grad im Winter und um die 30 Grad im Sommer, dazu eine Wassertemperatur von 25 bis 28 Grad, je nach Saison, und gut 300 Sonnentage pro Jahr. Die dazu passenden und häufig aufgezählten 300 Buchten und 300 Sandstrände – sozusagen für jeden Sonnentag eine andere Bucht oder ein neuer Strand – beziehen sich zwar auf die ganze Insel, aber Varadero beansprucht für sich, davon einige Sahnestückchen zu besitzen. So gesehen ist Kuba ein ganzjähriges Ferienziel, dennoch sollte man vor allem die Hurrikansaison besser meiden. Sie fällt in die Regenzeit zwischen Mai und November, die den Urlaubern zuweilen mit heftigen Regengüssen ab Juli/August und eben mit Hurrikanen im September und Oktober so manche Tage vermiest. Die Trockenzeit ist weitgehend identisch mit der Hochsaison und dauert von November bis März.

Was aber hat nun Varadero, was andere Badeziele auf Kuba nicht haben? Mit Delfinen schwimmen und Golf spielen kann man schließlich auch anderswo, luxuriöse Hotels und gute Restaurants sind ebenfalls kein Alleinstellungsmerkmal mehr. Und auch den Natio-

Das Zentrum der Urlauber – Varadero

nalbaum, die sich majestätisch im Wind wiegende Königspalme, gibt es nicht nur auf Hicacos, der Halbinsel, die an ihrer breitesten Seite lediglich 1,2 Kilometer misst. Trotzdem ist Varadero für einen Großteil der kubanischen Badeurlauber das Ziel der Begierde. Der Schlüssel zur Beantwortung der Frage dürfte schlicht in der Vollversorgung liegen. Denn die Urlauber werden in Varadero einfach in fast allen Belangen bestens versorgt: mit komfortablen Hotels, Traumstränden davor und üppigen Buffets darinnen. Versorgungsengpässe sind unbekannt. Die Landessprache ist zwar Spanisch, doch in Varadero wird mehr Englisch und in den großen Hotels manchmal sogar Deutsch gesprochen. Kuba führte als erstes außereuropäisches Land den Euro als offizielles Zahlungsmittel ein. Testgebiet für den Versuch war Varadero – wo sonst? Die 20 Kilometer lange Halbinsel ist nun mal das Zentrum des kubanischen Tourismus und damit das beste Testgelände. Dazu kommen zahlreiche Mietwagen- und Mofavermieter, Wassersportaktivitäten aller Art, Animation und Ausflugsprogramme – sowie Liegestühle und Sonnenschirme in unzähligen Mengen.

»Klotzen statt kleckern«

Varadero, 140 Kilometer östlich von der kubanischen Hauptstadt Havanna und gut 8000 Kilometer westlich von Deutschland gelegen, ist ein Ferienort mit Tradition. Varadero ebnete den Weg zum Kuba-Tourismus im großen Stil. Los ging es schon im 19. Jahrhundert, als die ersten Großgrundbesitzer begannen, hier Sommerresidenzen zu bauen. 1910 folgte das erste Hotel auf der Halbinsel. Es war für diejenigen gedacht, die zwar zur kubanischen Oberschicht gehörten, aber noch keine Sommervilla ihr Eigen nennen konnten. Dann folgten die Golden oder Roaring Twenties: Reiche US-Amerikaner, angeführt vom Familienclan des Industriegiganten DuPont, investierten kräftig. Mit Sprengstoff fingen die DuPonts an, mit Chemie wurden sie groß. Zeitweilig übernahm die Familie von Konzerngründer Éleuthère Irenée DuPont de Nemours den Automobilkonzern General Motors. Erfindungen wie Neopren, Nylon oder Teflon sind bis heute von großer Bedeutung. Zur Familienvilla legten die DuPonts gleich auch einen Golfplatz an. Das Motto »Klotzen statt kleckern« galt aber auch für die Mafia – Al Capone besaß eine Residenz – und natürlich für den regierenden Diktator selbst: Auch der kubanische Präsi-

Die Mitte

Am Strand gibt's jede Menge Sonnenschirme (unten). Bitte einsteigen! So könnte es auch schon in den 1950er-Jahren ausgesehen haben: Cabrio vor der DuPont-Villa 60 Jahre später (unten). In den Diskotheken wird bis in die Morgenstunden getanzt (rechts oben). Ein Pelikan hat natürlich den besten Ausblick über die rund 20 Kilometer lange Halbinsel (rechts unten).

dent von US-amerikanischen Gnaden, Fulgencio Batista, gehörte zu den neuen, reichen Bewohnern von Varadero.

Erst der Zweite Weltkrieg bremste die aufstrebende Halbinsel aus. Doch schon ab 1950 setzte ein zweiter Boom ein. Dieses Mal in Form der ersten Anzeichen von Massentourismus. Hotel für Hotel wurde gebaut, und der kurze Weg von Miami nach Havanna lockte die Menschen an. Das Glück dauerte jedoch abermals nicht lange. Diesmal stoppte Fidel Castros Revolution von 1959 den Boom. Die Grundbesitzer wurden enteignet, und die weißen, feinsandigen Strände wurden jedermann zugänglich gemacht. Ein Symbol dafür wurden der Parque Central und der Parque de las 8000 Taquillas, der Park der 8000 Umkleidekabinen.

Urlauber-Ghetto mit Pomp

Rund 30 Jahre später setzte der dritte Tourismusboom in Varadero ein. Kubas andauernde Geldnot führte zur Öffnung des Landes für den internationalen Reiseverkehr. Massenkompatible Vier- und Fünf-Sterne-Hotels entstanden hauptsächlich durch europäische Investoren. Die neue Ära bedeutete vor allem eines: durch Joint Ventures mit ausländischen Unternehmen Geld in die leeren Staatskassen spülen. In Varadero entstand fast logischerweise das erste mit ausländischen Mitteln finanzierte Hotel. 1991 ließ es sich Fidel Castro nicht nehmen, das Hotel »Meliá Varadero« persönlich einzuweihen. Die spanische Gruppe Sol Meliá konnte sich in der Folge als stärkste Hotelgruppe in Kuba und Varadero etablieren. Um die Anlagen zu füllen, wurde gleichzeitig der Flughafen Varadero Juan Gualberto Gomez neu gebaut und dem internationalen Urlauberflugverkehr geöffnet, sodass Chartergesellschaften aus Europa, aber auch Kanada, die meisten Passagiere direkt zu ihrem Urlaubsziel bringen konnten. Mittlerweile ist er hinter Havanna der zweitwichtigste des Landes. Sogar der zur DuPont-Villa gehörende Golfplatz wurde von neun auf international übliche 18 Löcher erweitert. Dies alles brachte jedoch ganz und gar nicht sozialistische Folgen mit sich: Der Tourismus verdrängte die Einheimischen. Nach und nach entwickelte sich Varadero zu einem Ghetto für Urlauber, das im Sozialen und Kulturellen mit dem Rest des Landes kaum noch Gemeinsamkeiten aufwies. Zahlreiche Hotels wurden im Lauf der Jahre in All-inclusive-Resorts umgewandelt, sodass der Urlauber sein gebuchtes Hotel gar nicht mehr

verlassen musste (und sollte). Somit waren auch nur noch diejenigen Kubaner in Varadero erforderlich, die in diesen Hotels arbeiteten. Die Installierung der eingangs erwähnten Schranke setzte der unrühmlichen Entwicklung schließlich die unrühmliche Krone auf. Trotzdem hat Varadero heute rund 7000 Einwohner, auf die aber etwa eine halbe Million Urlauber pro Jahr kommen.

Die Hotels stehen durchweg unter der Leitung ausländischer Direktoren, die sich zwar einmal im Monat mit dem Ortskader der Kommunistischen Partei treffen, sich aber ins Management nicht hineinreden lassen. Vorherrschend sind die spanischen Hoteliers, der Rest der Touristenanlagen liegt in Händen von kanadischen, deutschen oder italienischen Unternehmen. Die neu gebauten Hotels sind bereits alle für den US-amerikanischen Markt konzipiert: als All-Suites-Anlagen mit Golfplatz und Marina, Klimaanlage und behindertengerechten Zimmern – also alles nicht nur amerikanisch-komfortabel, sondern auch -kompatibel und somit socially correct. Der US-amerikanische Reisebüro-Verband besuchte unlängst mit 160 Vertretern das Land. Damit dürfte der Weg gezeichnet sein, den Kuba touristisch gehen wird, wenn Fidel Castro einmal nicht mehr ist: Die nächste, die zweite US-amerikanische und insgesamt vierte Touristenwelle wird dann zwar noch über die schönen Strände, aber sicher auch schon über die uniformen Souvenirshops, verwässerten Cuba libres, dreisten Taxifahrer und hohen Preise staunen. Denn dann kostet Service auch seinen Preis. Dann hätte sich Kuba touristisch in die Karibik integriert. Dann wäre Kuba so wie viele seiner eher langweiligen Nachbarn. Während sich Fidel vielleicht im Grab umdreht …

Sozialismus oder Wohlstand

Unter den Kubanern lautet schon lange die Prämisse: Einer aus der Familie muss in die Touristik, am besten also nach Varadero. Sieben Eier, ein halbes Pfund Fisch und ein Kilo Reis auf Bezugsschein pro Monat sind nicht viel. Jeder Kubaner weiß, dass man als Kellnerin oder Liftboy in einem Touristenhotel an einem guten Tag mehr an Trinkgeldern hat, als ein Arbeiter oder Arzt im Monat verdienen kann. Die Parole »Socialismo o Muerte« (Sozialismus oder Tod) hat längst ausgedient – beim Regime, das sich dem Tourismus öffnete und besonders die Halbinsel Varadero wie eine Milchkuh betrachtet: Mit dem kleinen Unterschied, dass sie harte Devisen statt nur Milch gibt. Für die Kubaner mit ihrem Hunger nach Freiheit und Wohlstand ist die Parole sowieso schon lange nichts anderes als ein revolutionäres Motto aus dem KP-Antiquariat.

WENN ES NACHT WIRD …

Ein knappes Drittel von Hicacos nimmt das Öko-Reservat Varahicacos ein, in dem bis zu 500 Jahre alte Kakteen wachsen. Ganz andere Blüten zeigen sich zuweilen in Varaderos Nachtleben. Vor Hotels und Diskotheken warten schon mal hübsche, kaffeebraune chicas auf einen Begleiter, der sie für einen Abend in die Luxus- und Glamourwelt entführt. Nachts scheint die Schranke nach Varadero nicht so fest geschlossen zu sein, wie sie es tagsüber vorgibt … In den Discos, Klubs, Bars und Cafés der Strandhotels geht es bis spät in die Nacht hoch her. Da aber das Preisniveau für Kubaner zu hoch ist, bleiben die Touristen weitgehend unter sich – wenn man von den genannten Schönen der Nacht einmal absieht.

Nur »McDonald's« gibt's in Varadero (noch) nicht auf der nur vermeintlich »McD«-freien Insel: Die Hamburger-Braterei ist nämlich im US-Stützpunkt Guantánamo, im Südosten Kubas, längst vertreten. Nur kommt man halt nicht hin …

WEITERE INFORMATIONEN ZU VARADERO

Nachtklubs in Varadero:
»La Bamba«, Avenida de Las Américas 4, im gleichen Haus »Palacio de La Rumba« und »Mambo Club«, Carretera de Las Morlas 14

Bacardi drehte hier Werbespots, und für den Schriftsteller Reinaldo Arenas Fuentes änderte sich hier sein Leben: Die Playas del Este sind die Hauptstadtstrände, ein bisschen Kitsch-Karibik und dennoch Abbild kubanischen Lebens. Junge Leute genießen und tanzen.

19 Der Treffpunkt der Kubaner – Playas del Este

Der Strand der Stadt

Wie der Name schon sagt, liegen die Playas del Este östlich von Havanna. Die Einwohner der Kapitale nutzen die Strände als ihr Refugium, besonders am Wochenende. Nach 15 Kilometern ist die Großstadt vergessen. Palmen und Meer bestimmen das Bild.

Reinaldo vergnügt sich im Wasser, er umarmt seinen Freund. Es herrscht fröhliche Strandatmosphäre. Da passen Reinaldo und sein Freund nicht ins so scheinbar sorglose Bild des heiteren Badetags. Ein paar junge Machos sehen das homosexuelle Paar im Meer und klauen ihnen flugs ihre Habseligkeiten am Strand. Reinaldo geht daraufhin, nur mit der Badehose bekleidet, auf die Polizeiwache und meldet den Diebstahl. Die Polizisten bitten ihn ins Auto, um zusammen nach den Dieben zu fahnden. Sie haben Glück und stellen die Langfinger. Aber trotzdem hat Reinaldo Pech: Einer der Diebe sagt, Reinaldo sei schwul. Der ranghöhere Polizist lässt die Strolche samt Diebesgut laufen und verhaftet Reinaldo …

Diese Szene aus dem Leben des kubanischen Schriftstellers und Dissidenten Reinaldo Arenas Fuentes hat sich so an einem der schönen Playas del Este abgespielt. Der 1943 in Holguín geborene Dichter begeisterte sich nur anfänglich für Fidel Castros kommunistische Revolution. Als er auf kritische Distanz zum Regime ging, wurden seine literarischen Werke zensiert oder ganz verboten, er selbst wurde verhaftet – zumal er seine Homosexualität offen zeigte.

Wer trotzdem einmal für ein paar Stunden aus Havanna raus möchte, dem bieten die Playas del Este eine große Auswahl an Stränden in Stadtnähe: Sie heißen Tarará, El Mégano, Bacuranao, Santa María del Mar, Boca Ciega, Guanabo, La Veneciana und Brisas del Mar. Karibikfeeling mit blauem Meer, Palmen und hellem Sand gibt's an allen diesen Stränden. Und: Dort liegt man nicht nur neben Touristen im Sand, sondern meistens neben Kubanern …

TIPP: Die Taxifahrt kostet ab Havanna-Zentrum, je nach Strand, 10 bis 15 CUC pro Strecke. Oder man nimmt einfach mal den öffentlichen Bus: Die Fahrt ab Havannas Parque Central kostet nur 1,50 CUC. www.autenticacuba.com

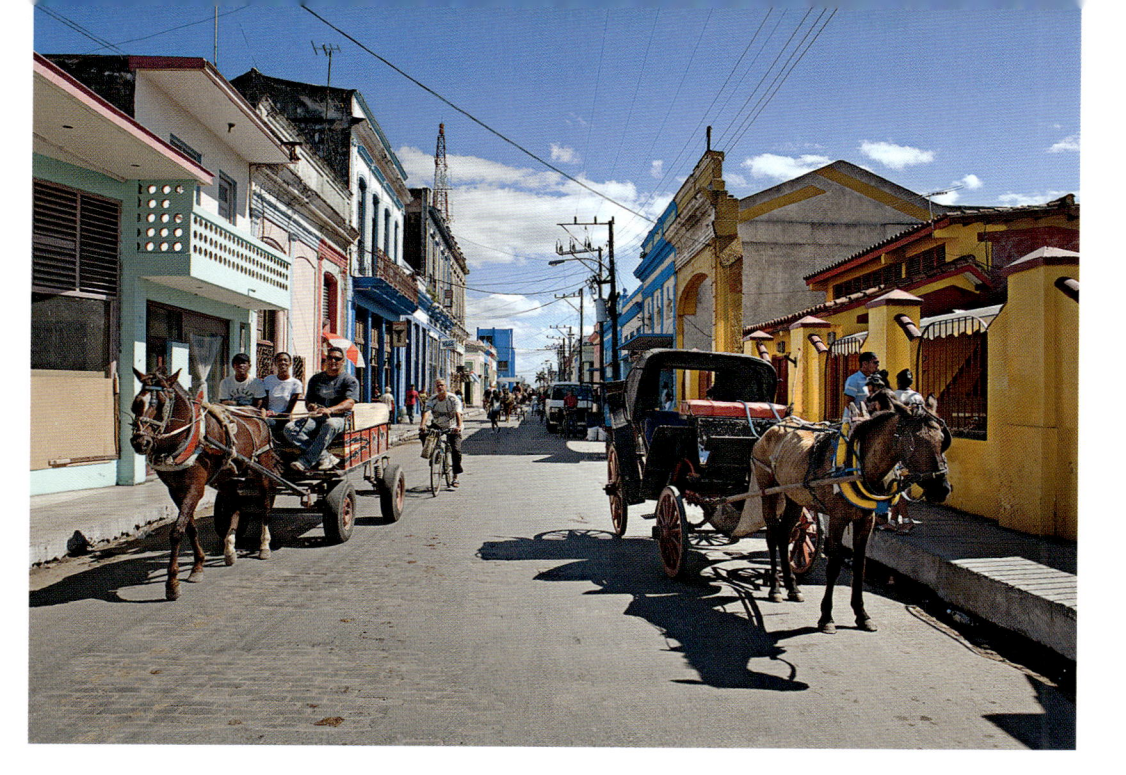

20 Heldenstadt – Cárdenas

Alte und neue Geschichte

Nur knapp 20 Kilometer sind es von Varadero nach Cárdenas. Durch den Zuckerboom im 19. Jahrhundert wurde die Stadt reich. Viele Gebäude zeugen von diesem Reichtum, auch wenn der Putz mittlerweile abblättert.

Der Taxifahrer, der die Touristengruppe von der »Tropicana«-Show bei Varadero zurück ins Hotel bringt, kündigt an: »Morgen zeige ich Ihnen meine Heimatstadt Cárdenas.«
Sie fahren nach San Juan de Díos de Cárdenas. Ruhig ist es hier, Autos gibt es kaum. Hauptverkehrsmittel sind Kutschen – daher der Beiname »Stadt der Kutschen« – und Fahrräder, für die am Ortseingang ein Denkmal steht. Viele Gebäude stammen aus dem 19. Jahrhundert, auch das rot getünchte Rathaus mit Arkadengang. Gegründet wurde die Stadt 1828. Schnell wurden ihre Einwohner reich, durch die Zuckerrohrfelder im Hinterland und den Hafen.
Ein Patriot hisste in Cárdenas 1850 zum ersten Mal die kubanische Flagge, lange vor der Unabhängigkeit 1898. Und 1862 wurde hier kubaweit die erste Kolumbus-Statue aufgestellt: am Parque Colón, vor der Catedral de la Inmaculada Concepción. An der doppeltürmigen Kirche hat der Zahn der Zeit noch nicht so heftig genagt wie etwa am Hotel »La Dominica«. Am Parque Echeverría steht das Geburtshaus von José Antonio Echeverría, der nach einem missglückten Attentat auf Diktator Batista hingerichtet wurde. Dem zweiten Helden wurde ein Museum in der Feuerwache eingerichtet: Elián González wurde 1999 bekannt, als seine Mutter bei dem Versuch ertrank, mit ihm nach Florida zu fliehen. Das Gezerre um den Jungen entschied der Vater auf Kuba für sich. Zurück ins Taxi: Der Fahrer schiebt seine Lieblings-CD von Elvis Manuel ein. »Der Junge war hier ein Reggaeton-Star. Aber auch er ertrank auf dem Weg nach Miami. Es war 2008 – neun Jahre später.«

TIPP: An der Straße zwischen Cárdenas und Varadero stehen einige skurrile Plastiken von einem Wettbewerb aus den 1960er-Jahren.
www.autenticacuba.com

Pferdekutschen gehören noch zum alltäglichen Bild auf den Straßen der Stadt. Cárdenas ist auf jeden Fall einen Abstecher von Varadero aus wert.

Die Mitte

21 Ewig jung – Matanzas

Zeitlos charmant

Manche Frauen altern, ohne ihre Schönheit einzubüßen. Matanzas, die Hauptstadt der gleichnamigen Provinz, ist wie eine solche alterslose Schönheit. Über Jahrhunderte hatte sie einen florierenden Hafen, in dem mit Fleisch, Tabak, Zucker, aber auch mit Sklaven gehandelt wurde. Nach 1920 fiel die Stadt zwar in eine Art Dornröschenschlaf, hat aber deshalb nichts vom Charme der reichen Jahre eingebüßt.

Das abendliche Fußballspiel findet unterm Flutlicht der Straßenbeleuchtung statt (unten). Wer mitspielen will, muss aber ein paar Tricks können … Der Zucker und die Industrie haben die Stadt der Brücken nie arm werden lassen. Der Puente de Bacunayagua überquert das Yumuri-Tal (rechts oben); die Eisenbahnbrücke in Mantanzas (rechts unten).

Eine Gesichtsstraffung für die alte Dame Matanzas? Scheint nicht nötig: Auch wenn die Farbe abblättert, die Grandezza der Stadt ist immer noch zu spüren. Die alten Kolonialgebäude versprühen auch nach Jahrhunderten ihren unverfälschten Charme. Die reichen Bewohner Matanzas waren den schönen Künsten schließlich nie abgeneigt. Das zeigt sich an den Stadtpalästen und luxuriösen Herrenhäusern mit griechischem Einschlag. Im Teatro Sauto war sogar Sarah Bernhardt zu Gast, eine der berühmtesten Schauspielerinnen des 19. Jahrhunderts und Ensemblemitglied der Comédie Française. Bis heute gilt das Teatro Sauto als eine der Top-Bühnen Kubas.

Wohlstand durch Vieh und Zucker

Die Provinzhauptstadt hat sich seit der Gründung 1690 an den Ufern der Flüsse Yumuri und San Juan ausgebreitet, die an der heutigen Hafenbucht ins Meer münden. Zahlreiche Brücken verbinden die Stadtteile und prägen das Bild. Während die einen deshalb von der Stadt der Brücken sprechen, weisen andere auf die echte Bedeutung des Namens Matanzas hin: Schlächterei. Ein Name, der so gar nicht zum Bild der schönen alten Dame passen mag. Doch auf den

Ewig jung – Matanzas

Wiesen rund um die ersten Siedlungen wurde intensiv Viehzucht betrieben. Die spanische Flotte profitierte von dem Schlachthof, von dem aus das Fleisch im nahen Hafen verschifft wurde – zu damaliger Zeit noch eingepökelt in Salz. Die Lagerhallen am Ufer des Río San Juan sind inzwischen verfallen, Kletterpflanzen haben von ihnen Besitz ergriffen.

Später kam der Tabakhandel hinzu, und als sich Zuckerpflanzer aus Haiti Ende des 18. Jahrhunderts auf Kuba niederließen, schlug die Stadt auch aus dem Zuckerhandel Kapital. Matanzas stand diesbezüglich sogar in direkter Konkurrenz zu Havanna. 456 Zuckermühlen sorgten für die Hälfte der damaligen kubanischen Zuckerproduktion. Viele Tausend Sklaven mussten auf den Plantagen hart arbeiten, unter ihnen kam es immer wieder zu Aufständen.

Zeugnisse der Goldenen Zeit

Sinnbild des 18. und 19. Jahrhunderts ist die renovierungsbedürftige Kathedrale San Carlos Borromeo. Das Herz von Matanzas ist aber der Parque Libertad. Hier stehen das Rathaus und die seinerzeit ersten Häuser der Stadt, die ehemaligen Hotels »Louvre« und »Velazco«. Ein Kleinod dieser Zeit wurde liebevoll hergerichtet: Die Botica Francesa erzählt die Geschichte des haitianischen Ehepaars Triolet, das 1882 am Parque Libertad eine Apotheke eingerichtet hatte und mehr als 50 eigene Rezepte entwickelte. Zudem trugen sie eine umfangreiche Fachbibliothek zusammen. Waagen und Mörser, Schröpfgeräte und Regale aus Zedernholz – die Apotheke lädt zu einer Zeitreise ein und ist Kulisse für das Museo Farmacéutico.

Ein Spaziergang hinaus aus dem Zentrum auf die andere Seite des Río San Juan lohnt sich, denn man wird mit einem grandiosen Blick über Matanzas und seine Bucht belohnt. Auf einer Anhöhe am Ende der Calle 83 liegt der Parque René Fraga. Von dort sind es noch etwa 15 Minuten zu Fuß zur Ermita de Monserrate hinauf.

Die schlafende Schönheit

Vom Berg hinab in die Höhlen: Ein paar Kilometer außerhalb der Stadt sind die Cuevas de Bellamar zu besichtigen. Unter fachkundiger Führung erwandert man drei Kilometer des insgesamt 23 Kilometer langen Höhlensystems mit mehreren Sälen. 1948 wurde die Höhle erforscht, die bereits 1861 chinesische Steinbrucharbeiter entdeckt hatten.

In den 1920er-Jahren bekam Matanzas einen weiteren Namen: Der Schlachthof mit seinen Brücken heißt seitdem »schlafende Stadt«. Nach 1920 war es vorbei mit der blühenden Wirtschaftsmetropole, seitdem träumt sie vor sich hin.

DURCHS HINTERLAND TUCKERN

Im nördlichen Vorort von Matanzas, in Versalles, fährt dreimal am Tag vom kleinen Bahnhof die elektrifizierte Hershey-Bahn ab, die nach drei bis vier Stunden Havanna erreicht. Die Fahrt führt durch das Yumuri-Tal mit seinen Kreidefelsen, durch das kubanische Hinterland und an die kubanische Nordküste. An einigen Haltestellen kann man Bahnhof und Dorf nur vermuten. Der US-amerikanische Schokoladenfabrikant Milton Hershey verband mit dieser Bahn seine Zuckerrohrplantagen mit den Häfen in Havanna und Matanzas. Auf der Zugfahrt passiert man Hershey, die 1918 fertiggestellte Zuckermühle und die Wohngebäude für die Arbeiter. Heute heißt der Ort Camilo Cienfuegos und markiert in etwa die Hälfte der Wegstrecke. Kurz vor Havanna kommt der Zug mit seinen aus Spanien importierten Triebwagen an den Playas del Este (siehe Highlight 19) und dem Ferienort Guanabo vorbei. Endstation ist Havannas Vorort Casablanca.
Fahrkarten gibt es an den Bahnhöfen zu Peso-Preisen.

WEITERE INFORMATIONEN ZU MATANZAS

Hershey-Bahn:
www.fahrplancenter.com/AIFFLAKubaHershey04.html

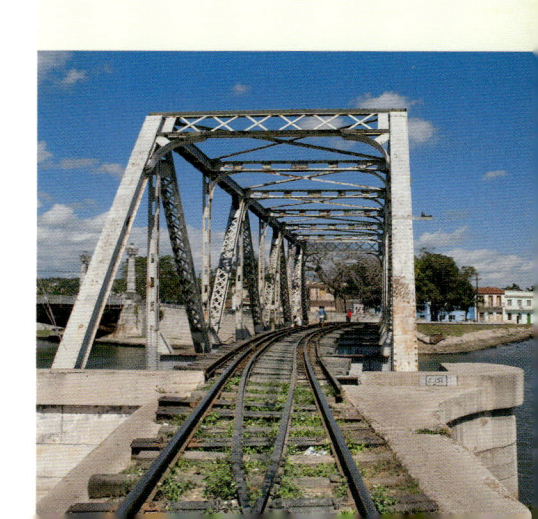

Ausgangspunkt für Segler und Angler ist stets die Marina Gaviota (oben). Mit wehendem Haar und mit ganzem Stolz: Skulptur am Hotel »Villa Las Brujas« (rechts unten). Nicht minder stolz zeigt sich der Nationalvogel Kubas, der Tocororo (rechts oben).

22 Königlich – Cayería del Norte

Die Postkartenidylle

Die Cayería del Norte wird auch Jardínes del Rey genannt, die Gärten des Königs. Das vom Atlantischen Ozean umspülte Gebiet mit dem nicht KP-kompatiblen Namen umfasst rund 2500 Inseln, die sich über eine Länge von knapp 500 Kilometern erstrecken. Genau genommen reicht es von der Halbinsel Hicaco bis zur Bucht von Nuevitas inklusive Cayo Guillermo und Santa Maria sowie Cayo Coco.

Die 34 Kilometer lange Hauptstraße verbindet Teile der Inselwelt der Cayería del Norte miteinander. Vom Festland aus passiert man nördlich von Morón ein Kassenhäuschen, fährt dann auf einem Damm durchs Meer, häufig begleitet von Pelikanen, und taucht ein in eine Landschaft wie aus dem Bilderbuch. Vor der Nordküste Kubas reihen sich Inseln und Inselchen wie auf einer Perlenschnur auf. Es ist ein ganzes Meer voller Inseln. Gelistet wurden bislang mehr als 2500. Cayería del Norte werden sie übergeordnet genannt, manchmal auch Jardínes del Rey – Gärten des Königs, und geografisch sind sie zusammengesetzt aus den Archipelen Sabana und Camagüey. Die kubanische Regierung hat den gesamten Archipel unter Naturschutz gestellt, aber zugleich den Bau mehrerer Luxusresorts erlaubt.

Mit Stränden wie Playa del Perro oder Playa los Piños zeigt sich Kuba von seiner schönsten Seite. Aber die Eilandgruppe zieht nicht nur Liegestuhlfreunde an, sondern auch Sportbegeisterte, Vogelfreunde, Hobbyfischer oder Taucher. Die Hotels und Resorts auf den Inseln tun alles, um ihren Gästen einen aktiven oder relaxten Urlaub zu bieten, je nach Gusto. Wer im Postkartenidyll neben weißem Strand, Palmen, Pinien und türkisfarbenem Meer noch mehr sehen möchte, der erkundet mit dem Touristenbus oder individuell mit ei-

Königlich – Cayería del Norte

nem Motorroller die Inseln mit ihren Stränden und Dünen.

Touren durch prächtige Natur

Die Flamingos im Naturpark El Bagá – 15 000 solcher rosaroten Vögel sind entlang der gesamten Cayería del Norte zu Hause – lassen sich von den Besuchern nicht stören, wenn man rechtzeitig den Motor abstellt. Aber auch auf Wanderpfaden kann man das 700 Hektar große Areal gut erkunden. Dabei kommt man an einem nachgebauten Taino-Dorf vorbei und lernt ganz nebenbei den einen oder anderen Vertreter von mehr als 150 Vogelarten kennen, ob Reiher, Pelikan oder auch den Tocororo, den kubanischen Nationalvogel.

Eine Tour mit dem Boot führt dagegen durch die Magrovenwälder der Inseln. Verschiedene Anbieter haben sich zudem aufs Hochseefischen spezialisiert. Und wer dort fischt, tut dies auf den Spuren von Ernest Hemingway, dem wohl bekanntesten Hochseefischer in der Geschichte Kubas. Bei Segeltörns auf einem Katamaran wiederum wird das versteckt im Meer liegende Cayo Media Luna angesteuert. Dort erholte sich einst Ex-Diktator Batista in einem kleinen Sommerhäuschen.

Farbenfrohe Unterwasserwelt

Nur in den Wellen des Ozeans zu planschen, damit sollten sich die Urlauber, die auf einer der touristisch erschlossenen Inseln der Cayería del Norte Entspannung und Erholung suchen, also nicht zufriedengeben. Zumal auch die Unterwasserwelt zu einem ausgiebigen Besuch einlädt. Das lang gestreckte Korallenriff zieht sich am Archipel entlang, die Korallen schillern und leuchten in bunten Farben – sogar schwarze Korallen gibt es. Auge in Auge mit Marlinen, Seehechten, Flundern und Macabis zu sein, das versprechen verschiedene Tauchbasen, die ihre Gäste mit dem Schnellboot vom Hotel abholen und weiter rausfahren. Wer sich dort in den Atlantik hinabwagt, berichtet später auch von Blaupunktrochen, Schildkröten – und von kleineren Schiffswracks, die man erkunden kann. Zudem darf sich das Korallenriff nach dem Great Barrier Reef in Australien als das zweitgrößte seiner Art der Welt nennen. Wenn das kein Anreiz ist, bewaffnet mit Flossen und Schnorchelbrille, einen ausführlicheren Blick unter Wasser zu werfen? Ob nun weit draußen und tief oder, etwa für Anfänger, auch an so manchem ufernahen Riff – der Liegestuhl am Strand läuft ja nicht weg …

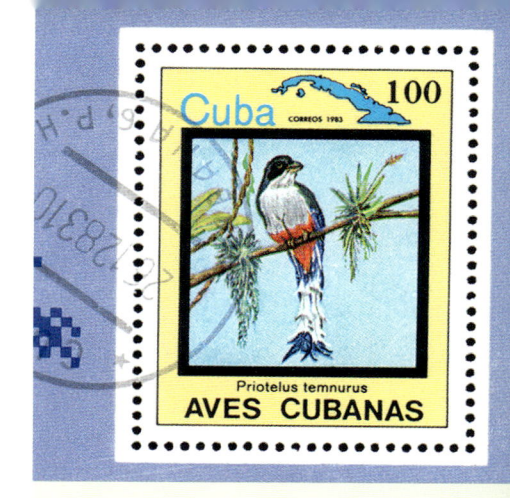

SESSHAFTE FLIEGER

Einst wohnten sie in den Wäldern auf dem Kontinent. Da sie sich aber durch gute Flugeigenschaften auszeichneten, kamen die gefiederten Gäste auch nach Kuba. Dort hat es ihnen anscheinend so gut gefallen, dass sie insbesondere die Cayería del Norte nicht mehr verließen. So finden Vogelliebhaber auf Kuba 20 Vogelarten, die es nur dort und nirgendwo sonst auf der Welt gibt. Dazu zählt der Nationalvogel der Insel, der Tocororo mit seinem pagodenartig geformten Schwanz, der auch als Kuba-Trogon bekannt ist. Nur fünf Zentimeter groß ist die Bienenelfe, eine Kolibri-Art. Ihre Flügel schlagen an die 100-mal in der Sekunde, das Herz 1000-mal in der Minute. Einen Blick auf sie zu erhaschen ist ein besonderes Highlight bei den geführten Vogelbeobachtungen im Nationalpark El Bagá. Etwas Besonderes sind auch die Kuba-Flamingos, die in großen Kolonien auf den Inseln brüten. Ihr Gefieder ist eine Nuance tiefer rosa und einheitlicher als das des üblichen Rosa-Flamingos.

Fast alle Hotels auf den Inseln organisieren Vogelbeobachtungstouren.

WEITERE INFORMATIONEN ZUR CAYERÍA DEL NORTE

Vogelwelt: www.sprachcaffe-kuba.com/DE/VogelweltKubas.htm

Die Mitte

23 Urlaub pur – Cayo Guillermo e Santa Maria

Der Damm zum Glück

Sterne-Hotelanlagen in überschaubarer Größe an feinsandigen und palmenbestandenen Stränden, die zum Baden, Faulenzen, Spazierengehen und Schnorcheln einladen: Auf diesen einfachen Nenner können Cayo Guillermo e Santa Maria gebracht werden. Doch das ist nicht alles: Für Naturfreunde gibt's einen Nationalpark, während Kulturfans in Remedios am nahen Festland auf ihre Kosten kommen.

Ausgelassene Winterstimmung herrscht bei der Parrandas Remedianas (unten). Seit 1820 findet dieser Umzug statt, einst, um böse Dämonen zu vertreiben, heute, um die Schäfchen an ihre Kirche zu erinnern ... Stillleben im Hotel »Mascotte« (rechts oben). Einblick in die Unterwasserwelt der Cayos (rechts unten).

Der Steg ragt schier endlos ins Meer. Die Planken sind heiß. Egal: Barfuß geht's weiter, den Blick in die Ferne bis zum Horizont gerichtet, wo sich blaues Wasser und blauer Himmel vereinen. Der breite Strand von Pilar liegt jetzt im Rücken. Es ist ein Gefühl, als ob man übers Wasser schreitet, denn jetzt ist nichts mehr zu sehen von Land, Strand oder Sand ... Cayo Guillermo bietet rund sechs Kilometer Strand, aber besonders an der Playa Pilar erscheint die Welt fast unwirklich schön.
Der Zugang zur nahezu unwirklichen Schönheit ist der Damm zum Glück: 56 Kilometer sind es bis ins Paradies. So lang ragt der Damm vom Hafenstädtchen Caibarién bis zu den Inseln Cayo Las Brujas und Cayo Santa Maria ins Meer hinaus. Der Pedraplén führt über 45 Brücken. 45 Brücken, die über hellblaues Meer führen. Das heißt: 45-mal tief Luft holen, 45-mal Hurra rufen, 45-mal strahlen vor Glück ...
Beide Inseln, Cayo Guillermo, erreichbar von Cayo Coco (siehe Highlight 24), und Cayo Santa Maria, gehören zum gleichnamigen Parque Nacional de Cayo Guillermo e Santa Maria. Flamingos stecken ihre Köpfe ins Wasser, Mangroveninseln ragen daraus hervor,

Kormorane ziehen darüber hinweg. Einer setzt unvermittelt zur Landung im Meeresblau des Atlantik an. Es spritzt wie auf einer nassen Landebahn …

Remedios: Brauchtum mit Charme

Im Nationalparksparadies kann man auch selbst landen, und zwar auf Cayo Las Brujas, denn dort gibt es einen kleinen Flughafen. Trotz des Flugplatzes und obwohl bereits Hotelanlagen auf Cayo Las Brujas, Cayo Ensenachos sowie Cayo Santa Maria gebaut wurden – und weitere in Planung sind –, verliert man sich in der Einsamkeit der Strände und fühlt sich, als wäre man ganz allein auf einer der Inseln. Wer es komfortabler mag, nimmt mit den Resortstränden vorlieb. Dann wird auf Wunsch ein kühler Drink oder ein schmackhafter Snack an die Liege unter dem angenehmen Schatten eines Sonnenschirms gebracht.

Baden und etwas Wassersport ist jedoch nicht jeden Tag und für jeden Gast das Richtige. Wie gut also, dass die beiden küstennahen Städtchen Remedios und Caibarién ganz nahe liegen. Remedios gehört zu den ältesten Städten auf Kuba, das seinen pittoresken Charme wohl auch deshalb behalten hat, weil die großen Touristenströme an dem Ort vorbeigeflossen sind. Das Herz der ehemaligen Zuckerhändlerstadt schlägt auf der Plaza Martí, wo die reichen Barone ihre Prachtbauten errichteten. Und gleich zwei katholische Kirchen: Aus dem 18. Jahrhundert stammt die Iglesia de Nuestra Señora del Buen Viaje, und bereits 1662 wurde die Iglesia Parroquia de San Juan Bautista mit ihrem vergoldeten Zedernholzaltar erbaut.

Wer im Dezember in der Stadt ist, wird das Glück haben, die Parrandas Remedianas zu erleben. Seit 1820 fahren jährlich geschmückte Umzugswagen durch die Stadt, Bands sorgen für Musik und Congas für jede Art von Krach. Die Einwohner erinnern damit an lautstarke Prozessionen im 15. Jahrhundert, als so Dämonen vertrieben werden sollten, die Pest und Krankheiten verbreiteten. Und sie denken an den pfiffigen Pfarrer, der seine kirchenmüden Schäfchen dadurch auf Trab brachte, dass er die Kinder frühmorgens lärmend durch die Stadt schickte, um zum Gottesdienst zu rufen.

Stadt der Krebse: Caibarién

Nicht weit von Remedios entfernt ist die Hafenstadt Caibarién. Es lohnt sich, entlang des Malecóns zu flanieren, die Fischer bei ihrer Arbeit zu beobachten und ihren Fang zu begutachten. Cangrejeros heißen die Einwohner von Caibarién zuweilen – Krebsfänger. Denn viele Krebse landen in den Fischernetzen und machen die Langustenverarbeitung zur wichtigsten Einnahmequelle des Ortes.

UNTERWASSER-SIGHTSEEING

Wer sich nicht im Tauchanzug in die Tiefen des Atlantischen Ozeans aufmachen will, der kann auch nur mit Taucherbrille und Schnorchel die bunte Unterwasserwelt erkunden. Der Nationalpark Cayo Guillermo e Santa Maria ist wie geschaffen dafür. Jedes Hotel und jedes Resort bietet seinen Gästen die entsprechende Ausrüstung sowie die passenden Reviertipps, aber auch Bootstransfers an. Da der Nationalpark auf das Wasser ausgedehnt ist, darf unter Wasser nichts verändert werden.

Wer glaubt, in Ufernähe sei nichts los unter Wasser, der täuscht sich gewaltig. Auch im seichten Wasser treiben sich die buntesten Fische herum, und wer dem einen oder anderen Korallenstock zu nahekommt, hat es schnell mit seinen Wächtern zu tun, den etwa zehn Zentimeter kleinen, schwarzgelb gestreiften Fischlein, die vielerorts den Spitznamen Sergeant Major bekommen haben.

Was immer wieder vergessen wird: Beim Schnorcheln sollte man ein T-Shirt anziehen, da sonst ein Sonnenbrand auf Schultern und Rücken unvermeidlich ist.

WEITERE INFORMATIONEN ZU CAYO GUILLERMO E SANTA MARIA

Schnorcheln: www.kuba-guide.de/schnorcheln.htm

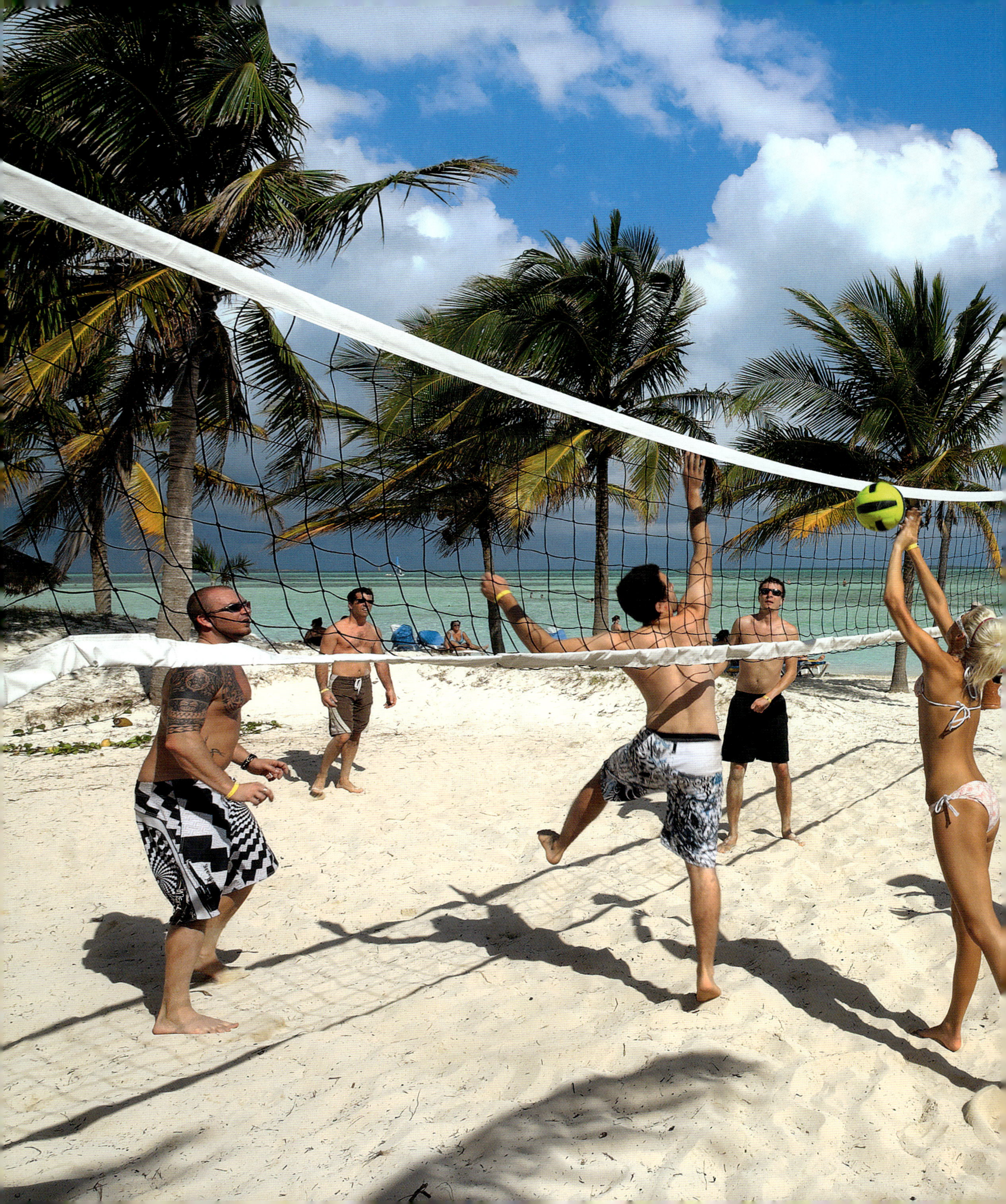

Hübsch anzusehen: ein flottes Beachvolleyball-Spielchen auf weißem Sand vor der Palmen- und Meerkulisse von Cayo Guillermo.

Von der Playa Pilar aus erkennt man in der Ferne auch Cayo Media Luna (oben). Der Steg zum Glück (rechts): Cayo Coco und Cayo Guillermo gehören zu den Trauminseln Kubas. Einzig die etwas komplizierte Anreise stört das Touristenherz. Ist der Urlauber aber erst einmal da, darf eine oder zwei Wochen lang pausenlos geträumt werden …

24 Traumhaft – Cayo Coco

Logis über dem Meer

Mit rund 20 Kilometern Länge ist Cayo Coco das größte Eiland der zu den Jardínes del Rey, den Gärten des Königs, gehörenden Inselkette an der Nordküste. Kubas Wegen eines schützenden Korallenriffs ist es bei Tauchern und wegen der Overwater-Bungalows bei Hochzeitsreisenden beliebt. Doch trotz eines internationalen Flughafens ist die Anreise derzeit leider etwas umständlich.

Morón im Morgengrauen: Calixto Garbey quält sich aus dem Bett und zieht sich im Dunkeln an, um seine Liebste nicht zu stören. Schnell ein Glas Wasser und ein Stückchen Brot mit Öl zum Frühstück – möglichst leise, denn auch Tante Esmeralda will weiterschlafen. Schnell aus dem Haus, wo das Bici-Taxi schon wartet und ihn zum Treffpunkt bringt. Rein in den Bus, die Kollegen begrüßen und nochmals ein Stündchen schlafen. Seine schmucke Jacke hat Calixto Garbey zum Kopfkissen geknüllt.

Hier sind Nicht-Kubaner unter sich

Seit zwei Jahren muss Garbey extrem früh raus – und er ist glücklich damit. »Hoffentlich behalte ich den Job«, sagt er. Zu viele seiner Kollegen, die mit ihm in den Hotels auf Cayo Coco oder in einer anderen Anlage auf Kuba arbeiten, wurden in den vergangenen Jahren entlassen. Wie viele westliche Staaten muss auch Kuba sparen und hat deshalb die Zahl der Mitarbeiter drastisch reduziert: in der Verwaltung, wo sie ihre Arbeitszeit auch mit Telefonieren mit Freunden oder Nägellackieren verbracht haben, aber auch in den Hotels, die egal, wo sie in Kuba stehen, mindestens zu 51 Prozent dem Staat gehören.

Garbey arbeitet in einem Fünf-Sterne-Hotel als Gärtner, wässert die Anlage, schneidet die Pflanzen. Schneiden kann er besonders gut,

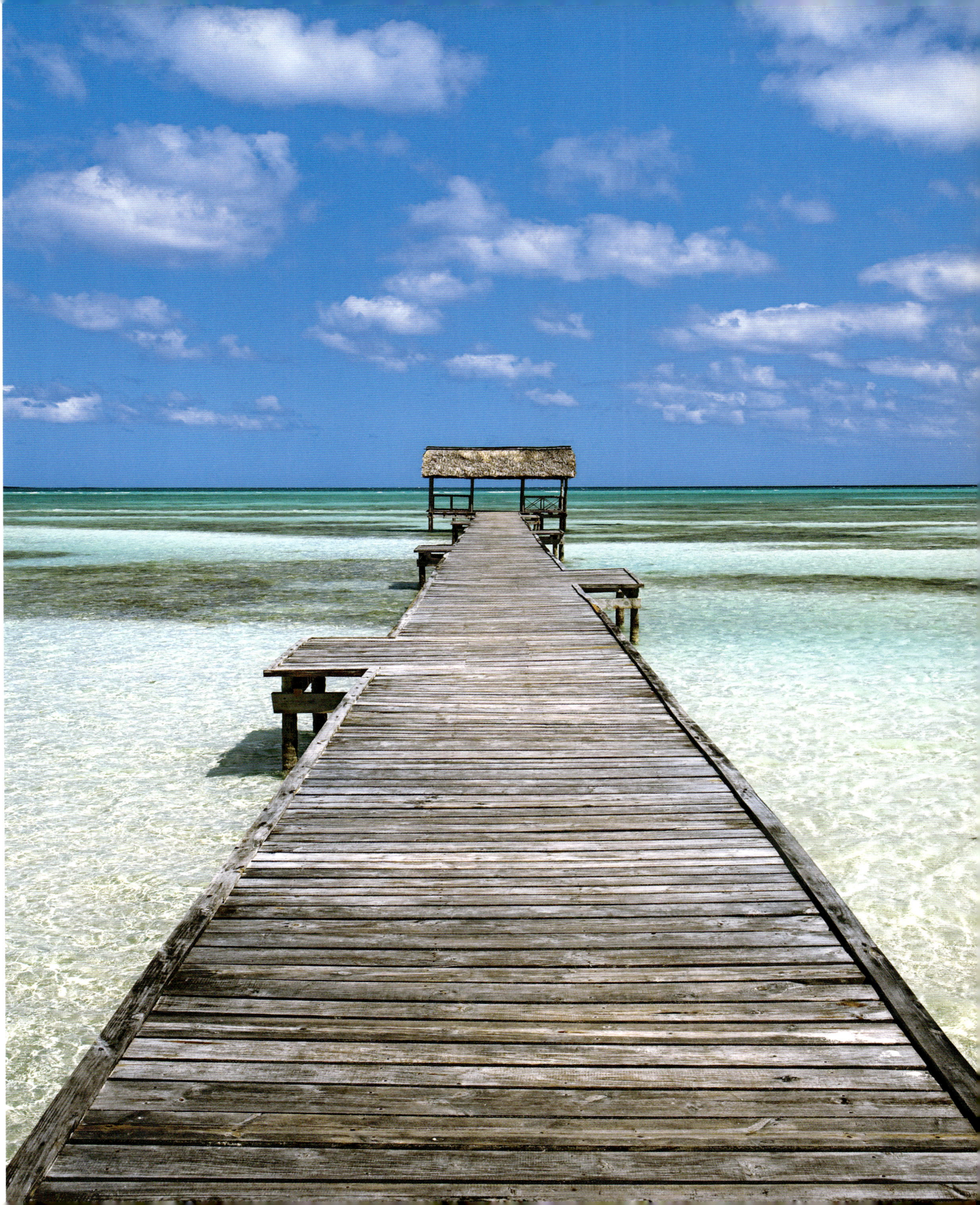

Die Mitte

Wasservolleyball im Hotel »Melia Cayo Coco« (oben links). Erste Hilfe für den Strandbereich (oben rechts). Die Straße zu den Inseln und der Weg zum Strand: Causeway Jardínes del Rey (rechts unten). Ideal für eine Cayo-Coco-Tour ist ein Scooter (rechts oben).

schließlich ist er Chirurg. Cachi Toro, der vor ihm im Bus sitzt, hat Lehramt studiert, eine Reihe weiter vorne sitzt die Juristin Yumisleidis Castillo. Studierte Hotelmitarbeiter in einfachen Positionen, das gibt es wohl nur auf Kuba. Aber inklusive der Trinkgelder und der Bonuszahlungen kann er so seine und die Familie der Tante ernähren. Als Arzt wäre das nicht möglich. Garbey blinzelt hoch, ein kurzer Stopp am Beginn des Dammes. Die Bustür öffnet sich, der Wachmann späht hinein, bekannte Gesichter, Tür zu. Etwa 17 Kilometer ist der Damm lang, der das kubanische Festland, auf dem Morón liegt, mit der vorgelagerten Insel Coco verbindet. 17 Kilometer, die das eigentliche Kuba von einer künstlichen All-inclusive-Welt trennen, zu der Kubaner keinen Zutritt haben. Deshalb steht hier der Wachmann, der penibel kontrolliert, dass kein Kubaner, der nicht dort arbeitet, das Paradies betritt.
1993 wurde das erste Hotel auf Cayo Coco gebaut, 2007 waren es acht der Vier- und Fünf-Sterne-Kategorie, und es werden immer mehr. Neben zahlungskräftigen Europäern und Kanadiern, die landesweit die größten Urlaubergruppen stellen, visiert man den US-Amerikaner an – und das, obwohl es den Amerikanern selbst Anfang 2016 noch bei Strafe verboten ist, das Nachbarland Kuba zu besuchen. Dabei hatte der kubanische Tourismusminister Manuel Marrero schon im Mai 2007 bei der offiziellen Pressekonferenz auf der Reisemesse Fitcuba in Havanna gesagt: »Ich erwarte, dass bald die Amerikaner hierher reisen dürfen«, und neue Hotels für Amerikaner auf den Cayos ankündigt. Denn die Touristen aus »el Norte«, wie die Kubaner die USA nennen, sollen sich nicht gleich mit den Kubanern verbünden und ihnen die amerikanische Lebensweise vorführen – und wo klappt das besser, als in einer hermetisch abgeschlossenen Urlaubswelt wie den Cayos?

Der lange Weg zum Ferienziel – wie kommt man auf Cayo Coco?

Gärtner Garbey sieht den Leuchtturm, der das Ende des Damms und den Beginn von Cayo Coco ankündigt. Kurz danach passiert der Bus den Flughafen. Auf der alten Landebahn wächst Gras, aber auch der neue internationale Aeropuerto Internacional Jardínes del Rey daneben wirkt wie ausgestorben.
Der Rückgang der Urlauberzahlen aus Deutschland begann erstaunlicherweise mit der Eröffnung des neuen Flughafens im Dezember 2002. Was war das für eine Freude, als der erste Nonstop-Flug der Condor aus Frankfurt in Cayo Coco aufsetzte! Dachten doch die Tourismusoffiziellen, sie könnten so mehr Urlauber aus Alemania nach Cayo Coco locken. Zuvor musste man via Ciego de Ávila (siehe

Traumhaft – Cayo Coco

Highlight 34), südlich von Morón, einfliegen und dann einen langen Transfer über den Damm in Kauf nehmen.

Für die Urlauber war der neue Flughafen ideal – für die nach Europa reisenden Kubaner, die weit über die Hälfte der Kunden auf dieser Strecke ausmachten, aber weniger. Denn sie durften den neuen Condor-Flug nicht benutzen, da der Flughafen auf Cayo Coco und somit im Sperrgebiet liegt. Doch nur mit den Touristen konnte Condor den Flug nicht füllen. Also versuchte es der Ferienflieger mit einer Zwischenlösung und flog von Frankfurt erst nach Havanna und dann weiter nach Cayo Coco. Doch der Zwischenstopp in Havanna erhöhte Start- und Landegebühren und machte den Flug für die Gesellschaft unrentabel. Die Folge: Derzeit fliegt Condor von Frankfurt nach Havanna, Varadero, Holguín und Santa Clara.

Die Anreise für Touristen, die in einem der Hotels auf der 20 Kilometer langen Insel ihren Urlaub verbringen wollen, ist nun also umständlicher als zu Anfang: Sie fliegen bis Havanna, schlafen dort und fliegen mit einem innerkubanischen Flug nach Cayo Coco. Oder sie landen in Varadero (siehe Highlight 18), übernachten dort und nehmen dann einen Transfer auf sich, der gut einen halben Tag in Anspruch nimmt.

Flitterwochen im Karibikparadies

Garbey kommt an seinem Arbeitsplatz an: Das »Meliá Cayo Coco« liegt wie alle anderen Hotels an der Nordküste. Je nach Wind ist der Strand mehr oder weniger breit. Die Playas sind in Varadero schöner, das Nachtleben hat dort auch mehr zu bieten, aber Cayo Coco ist ursprünglicher und ruhiger. Und es gibt nur dort Bungalows, die über dem Wasser gebaut sind. Garbeys Fünf-Sterne-Hotel bietet diese Overwater-Bungalows ebenfalls an. Sie sind vor allem bei den Gästen beliebt, die ihre Hochzeitsreise dorthin führt oder die sich sogar auf Kuba trauen lassen. Außerdem ist das Hotel ausschließlich Gästen über 18 Jahre vorbehalten. Die Urlauber baden, relaxen, surfen, fahren mit dem Bananaboot, schnorcheln und tauchen. Die Unterwasserwelt ist traumhaft: Ein Korallenriff schützt die Küste und lockt viele farbenprächtige Fische an.

Sehr beliebt sind auch die Fahrten mit dem Katamaran. In der Marina liegen Luxusjachten von spanischen Eignern und Katamarane dicht an dicht. Mindestens 130 Euro – wie in allen kubanischen Urlaubsgebieten kann man auch auf Cayo Coco mit Euro bezahlen – kostet so ein Tagesausflug die Nordküste entlang, Snacks, Getränke und Musik inklusive. Unterwegs wird gestoppt, die Gäste können baden und schnorcheln. Manchmal tauchen Einheimische auch nach Seesternen. Je nach Anbieter endet die Fahrt an der Marina oder an der Playa Pilar auf der Nachbarinsel Cayo Guillermo. Egal, wie viele Jahre Garbey noch arbeitet, er wird sich so einen Ausflug nicht leisten können.

DER MOFA-TRIP

Cayo Coco, das 20 Kilometer lange Inselchen, ist für eine Mofa-Tour bestens geeignet, Verfahren ist kaum möglich. Also Helm auf – seit einigen Jahren herrscht Helmpflicht auch auf Kuba – und los, am besten zum Aussichtsturm La Silla, der direkt am Damm zum Festland liegt. Von dort hat man einen tollen Blick auf die Mangrovensümpfe – Mückenschutz nicht vergessen! – mit vielen Flamingos und Ibissen, vor allem bei Sonnenaufgang. An der Nordküste liegen die beiden Dünen La Loma del Puerto und Las Dolinas, ein Ökopfad schlängelt sich zu ihnen, und ein Ranger klärt über Flora und Fauna auf: Es soll sogar Wildschweine und Wildpferde geben. Auch an den Dünen befindet sich ein Aussichtspunkt. Weiter geht's nach La Güira, einer Art Museumsdorf, in dem die Lebensweise der Köhler dargestellt wird. Entspannung pur bietet seit 2004 das große Thalassotherapie-Zentrum. Ein Muss ist das Restaurant »Cueva del Jabalí«, eine unterirdische Höhle.

WEITERE INFORMATIONEN ZU CAYO COCO

Die Tagesmiete für ein Mofa beträgt ca. 20 Euro. Mofa-Vermietungen gibt's in Hotels, z. B. »Tryp«, bei Cubacar (Tel. 30 12 75) und Havanautos (Tel. 30 12 28).

Ein Graureiher: Um der Flora und Fauna Schutz zu geben, wurde das Naturschutzgebiet Zapata zum Gran Parque Natural Montemar ausgewiesen. 2001 erklärte die UNESCO den Park schließlich auch zum Biosphärenreservat, weil er das artenreichste Ökosystem Kubas ist.

25 Unberührt – Gran Parque Natural Montemar

Vogelwilde Oase

4200 Quadratkilometer Sumpfgebiet und Mangrovenwälder kennzeichnen die dünn besiedelte Halbinsel Zapata. Im Angebot stehen Exkursionen zur Vogelbeobachtung, zu den Salinen oder mit dem Boot. Die Tickets sollte man sich rechtzeitig besorgen, denn die Anzahl von Besuchern ist limitiert.

Auf der Península de Zapata haben 200 Vogelarten ihre Heimat gefunden. Und mehr als 900 verschiedene Pflanzenarten wachsen in diesem Gebiet der Provinz Matanzas. Kein Wunder: Das Vogelschutzreservat ist zum Landesinneren abgegrenzt durch unberührte Mangrovenwälder, und das riesige Sumpfgebiet verhinderte eine stärkere Besiedlung. Um Flora und Fauna die nötige Ruhe zu bieten, wurde der Großteil der Halbinsel zum Naturschutzgebiet Zapata und dann zum Gran Parque Natural Montemar ausgewiesen. Im Jahr 2001 erklärte ihn die UNESCO zum Biosphärenreservat, weil der Park das artenreichste Ökosystem Kubas ist. Aus diesem Grund hat die Reservatsleitung auch eine Kontingentierung der täglichen Besucher festgelegt. Eine Bootsfahrt auf dem Río Hatiguanico führt die Besucher durch das Sumpfgebiet mit 30 Reptilienarten. Der Fluss ist aber auch ein gern angesteuertes Ziel für Angler, besonders für Fliegenfischer. Zudem kommen hier Höhlentaucher auf ihre Kosten. Mit dem Auto geht es zu den Salinen, wo nach wie vor Salz abgebaut wird. Hier leben viele Wasservögel und eine große Flamingo-Kolonie. Wer im Frühling kommt, wird auch Tausende von roten Landkrabben sehen.

Man muss nicht unbedingt Ornithologe sein, um sich von den vielen Vogelarten beeindrucken zu lassen. Ein einfacher Spaziergang zeigt schon die Artenvielfalt: Allein 20 endemische Vogelarten wie der Kuba-Specht oder der Zapata-Sperling sind zu sehen und zu hören.

TIPP: Reservierung des Biosphärenreservatbesuchs im Infozentrum La Finquita an der Autopista Nacional bei Kilometer 142, an der Abzweigung der Straße nach Jagüey Grande/Playa Larga. www.autenticacuba.com

26 Unter Wasser – Isla de la Juventud

Jugendinsel mit alten Wracks

Die Isla de la Juventud liegt 70 Kilometer vor der kubanischen Südküste. Einst nutzten Piraten die Insel als Ausgangsbasis für ihre Streif- und Raubzüge durch die Karibik, später dann diente sie als Verbannungsort und Gefängnisinsel. Heute gilt das Eiland als Wunderland für Hobby- und Profitaucher.

Ein Platz, an dem sich Hobby- und Profitaucher wohlfühlen: Die Isla de la Juventud – die Jugendinsel – bietet rund um ihre Gestade etwa 50 exzellente Tauchplätze. Nicht wenige meinen, die Reviere gehörten zu den besten im karibischen Raum.

Die Piraten haben zu ihrer Zeit ganze Arbeit geleistet. Die besten rund 50 Tauchplätze befinden sich vor der Costa de los Piratas, wo Schiffswracks und gut erhaltene spanische Galeeren locken. Die Bahía de Siguanea im Westen der Insel gehört zu den besten Tauchregionen in der Karibik. Wer sich eher für die Flora und Fauna an Land interessiert, sollte zum einen die Krokodilzuchtfarm nahe Pino Alto, 30 Kilometer südlich von Nueva Gerona besuchen. Zum anderen lohnt der botanische Garten La Jungla de Jones bei La Fé, der 1902 von dem US-amerikanischen Botanikerpaar Helen und Harris Jones angelegt wurde. Inzwischen gedeihen dort mehr als 80 verschiedene Pflanzenarten. Für die militärische Zone südlich von Cayo Piedra hingegen braucht man eine Sondergenehmigung. Wer sich für Höhlen interessiert, sollte die Cueva Punta del Este besuchen. Die gesamte Geschichte der Insel wird schließlich im Museo Municipal im ehemaligen Rathaus von Nueva Gerona umfassend nacherzählt. Dabei geht es auch um den Untergrundkampf gegen Diktator Batista sowie um das Verhältnis von Diktator Machado zu Fidel Castro. Machado ließ das ehemalige Modellgefängnis, seinerzeit das sicherste ganz Lateinamerikas, außerhalb der Stadt zwischen 1926 und 1931 erbauen. 6000 Gefangene konnten darin untergebracht werden – unter anderem auch Fidel Castro und 25 seiner Mitstreiter. Nach der Revolution lud Fidel Castro Jugendliche aus der ganzen Welt auf diese Insel ein, um Zitrusplantagen zu pflanzen. Daher kommt auch der Name: Jugendinsel.

TIPP: Trotz der Flugverbindungen auf die Insel: Ein Ein-Tages-Ausflug bringt nur Stress. Zwei Tage sollte man dem Eiland mindestens gönnen. www.isla-de-juventud.com

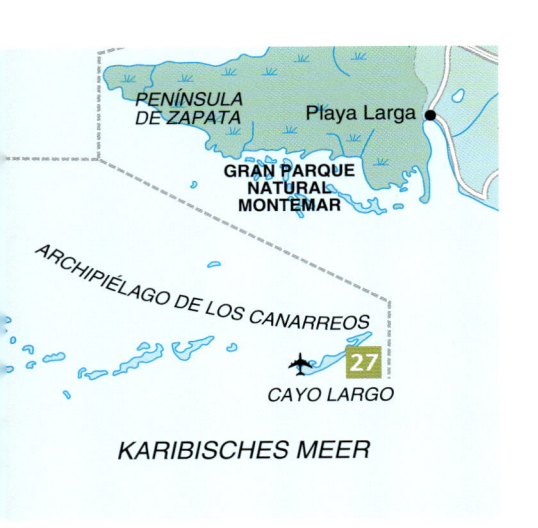

Die Mitte

27 Strandleben auf Kubanisch – Cayo Largo

Tauchen und Chillen

Nur 38 Quadratkilometer ist Cayo Largo groß – und bietet doch 21 Kilometer Sandstrand. Der schönste ist die Playa Sirena: breit, feinkörnig und wie geschaffen, um die Seele baumeln zu lassen. Aber auch Taucher kommen auf ihre Kosten. Einzig die Anreise auf die Insel ist etwas zeitaufwendig, denn man muss mindestens einmal auf dem Festland übernachten.

Sachte setzt der Flieger aus Havanna auf der Piste von Cayo Largo auf. Frank Abreu ist wieder in seinem zweiten Leben angekommen. Der Ingenieur ist ab jetzt nicht mehr Familienvater in Havanna, sondern Kellner auf Cayo Largo. Seit mehr als fünf Jahren wechselt er die Identität wie andere Menschen ihre Unterwäsche. Zwei Monate mimt er in Uniform den Kellner im Vier-Sterne-Hotel »Sol Cayo Largo« auf der gleichnamigen Ferieninsel südlich von Kuba, dann ist er drei Wochen zu Hause bei Frau und Kindern. Wenn ihn sein Arbeitgeber länger braucht, wird der Heimaturlaub verschoben. Alle derzeit sieben Hotels rekrutieren ihre Arbeitskräfte von außerhalb, denn sie benötigen mehr Personal als ihnen das 38 Quadratkilometer große Eiland bieten kann. Bereits 1962 wurde das erste Hotel auf Cayo Largo eröffnet. An ausländische Urlauber dachte damals allerdings noch niemand: Fidel Castro ließ es für verdiente Kader bauen, damit sie sich nach der anstrengenden Aufbauarbeit ausruhen konnten. Die touristische Entwicklung begann in den 1980er-Jahren, bis 2001 wurden dann sieben All-inclusive-Anlagen eröffnet.

Geruhsame Oase im Meer

Frank Abreu geht durch die kleine Ankunfts- und Abflughalle des Flughafens und sieht die

Planschen und Sonnenbaden am Strand (unten). Weichkorallen und ihre bunten Bewohner (rechts) sind unter Wasser nur zwei von vielen Attraktionen.

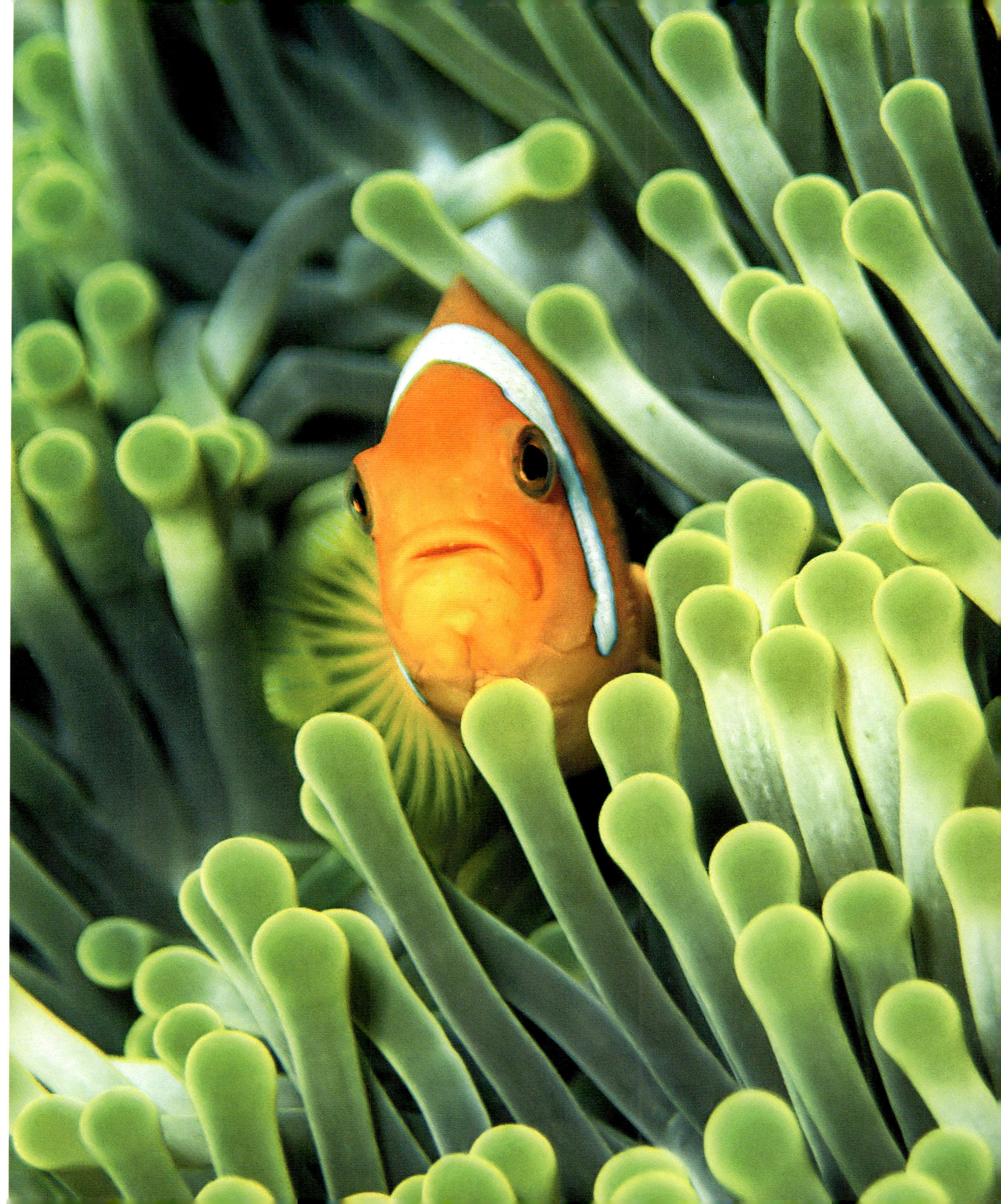

Die Mitte

Ein Sonnenuntergang (oben) gehört natürlich zum Pflichtprogramm. Leguane begrüßen die Besucher (unten). Wenn der Wind passt, macht das Kiten auf türkisfarbenem Wasser unglaublich Spaß (rechts oben). Bullauge einer Fähre (rechts unten).

verblichenen Schilder der deutschen Airline Condor. Kollegen haben ihm von den Boomzeiten mit Urlaubern aus Deutschland erzählt: Noch bis zum Winter 2003 flog Condor, teilweise mit kurzem Halt in Havanna, direkt nach Cayo Largo und brachte Woche für Woche Hunderte Urlauber auf die Insel. Jetzt müssen alle Gäste mindestens einmal in Havanna übernachten, und es kommen wegen der umständlichen Anreise nur noch diejenigen auf die Insel, die wissen, was Cayo Largo zu bieten hat. Das ist vor allem unter Wasser eine ganze Menge. Mehr als 32 verschiedene Tauchspots können die Tauchveranstalter den Fans des Unterwasserkinos zeigen. Im klaren Wasser wachsen farbenprächtige Korallen, und es tummeln sich bunte Fischschwärme, auch Rochen, Delfine und sogar Walhaie geben sich ein Stelldichein. Die Vielfalt ist so phänomenal, weil ein 30 Kilometer langes Korallenriff die westlichen Strände schützt – und davor fällt der Meeresboden auf gut 1000 Meter Tiefe ab. Der schönste Strand der Insel ist für viele die Playa Sirena ganz im Süden. Den Strand nur breit zu nennen, wäre wirklich untertrieben. Alle Hotelgäste geraten jedenfalls ins Schwärmen, wenn sie von dem feinsandigen Strand und dem kristallklaren Wasser sprechen. Bis zur nächsten Liege eines Miturlaubers ist immer so viel Platz, dass man wirklich kein Wort von dem versteht, was der Nachbar gerade sagt. Es ist fast so, als hätte man einen Privatstrand.

Strandleben auf Kubanisch

Dass die Deutschen stundenlang regungslos am Strand liegen und lesen können, ist für Frank Abreu immer noch unvorstellbar. Gehen Kubaner an den Strand, was selten genug vorkommt, ist es immer ein Fest: Am Beach angekommen, wird erst mal abgeklärt, wo man etwas zu trinken und zu essen kaufen kann. Der eine Strandverkäufer bringt Rum, der nächste zaubert eiskalte Cola aus einer Truhe, die er herumträgt, ein weiterer hat belegte Brötchen und der nächste ein ganzes Menü. Obwohl die Kubaner sonst oft unzuverlässig sind, klappt das erstaunlicherweise immer: Man bestellt bei einem Strandhändler ein Menü für zwei Personen mit Fisch und Reis für ein Uhr mittags und macht einen Preis aus. Pünktlich um eins kommt der Händler wieder und tischt das zu Hause gekochte Essen auf: frischen Frisch, Reis mit Bohnen und einen Salat, der meist aus dünn geschnittenen Tomaten- und Gurkenscheiben besteht. Aber vielleicht liegt das unterschiedliche Strandvergnügen auch daran, dass die wenigsten schwimmen können, wie auf den meisten karibischen Inseln. Auf Kuba sitzt man im seichten Wasser und quatscht.

Und noch etwas fällt Frank Abreu am Strandverhalten der deutschen Urlauber auf: die textilarmen Bikinis der Frauen. Kubanerinnen sind auf der Straße in knappem Zwirn gekleidet, der mehr offenlegt als verhüllt. Aber am Strand bedeckt jede Kubanerin, der ihre Ehre wichtig ist, ihre Pobacken. Und oben ohne oder sogar nackt am Strand oder in der Sauna zu sein, ist für einen Kubaner nicht vorstellbar. Frank Abreu hat häufig erlebt, dass ihm niemand von seinen Freunden in Havanna glauben will, wenn er von einer Sauna oder von dem kleinen FKK-Strand erzählt, der in der Nähe seines Hotels »Sol Cayo Largo« zu finden ist: Sich Fremden nackt zu zeigen – das geht gar nicht.

Aufräumen nach dem Sturm

Die Anlage liegt wie die anderen Hotels an der Playa Lindamar. Sie sind alle mit einem Gehweg durch die Mangroven, die den Strand vom Hotel trennen, verbunden. Auf kubanischer Seite ist der Besitzer bei allen Anlagen gleich: Mindestens 51 Prozent hält Gran Caribe. Und da alle Hotels einer Firma gehören, wagte man vor einigen Jahren ein Experiment: Destinations-all-inclusive, sehr zum Nutzen der Urlauber. Denn die konnten nicht nur in ihrem gebuchten, sondern auch in allen anderen Hotels essen, was ihnen mehr Abwechslung brachte. Doch das gibt es leider nicht mehr, denn die Hotels sind nicht mehr so voll wie früher. Früher, zu Zeiten des Direktflugs der Condor, und vor Michelle …

Der Hurrikan Michelle zog am 4. November 2001 mit grausiger Geschwindigkeit über die Insel und zerstörte fast alle Hotels. Lange lag die Insel brach, denn es dauerte Jahre, bis die Hotels wieder intakt waren. Bauen auf Kuba dauert immer etwas länger, weil auch Baumaterialien Mangelware sind. Vorsichtshalber schließt man seitdem in der Hurrikanzeit im September und Oktober die Hotels.

Zu sehen ist von den Zerstörungen heutzutage nichts mehr, Informationen darüber gibt es im Inselmuseum im kleinen Hauptort Isla del Sol. Dort ist auch eine Schildkrötenfarm zu finden. Die vom Aussterben bedrohten Meeresschildkröten legen im Sommer nachts an den Stränden von Cayo Largo ihre Eier. Mitarbeiter bringen sie zur Farm und beschützen die Eier, sodass die Schildkrötenbabys ungehindert schlüpfen können. Denn natürliche Feinde gibt's genug. Auf die Schildköteneier haben es zum Beispiel die Kormorane, Pelikane und Leguane abgesehen.

Ferienbeschäftigungen

Wer möchte, kann auf Cayo Largo auch surfen, segeln, Wasserski fahren oder Tennis spielen. Ab der Marina Puerto Sol starten die großen Katamarane mit ihren Tagesausflügen entlang der Insel. Dabei können die Urlauber für ihren nächsten Strandtag auch ihren Favoriten aussuchen, denn neben der Playa Sirena und Lindamar warten noch die Strände Los Cocos, Blanca und Tortuga auf Gäste. Kellner Frank Abreu ist selten am Strand zu finden. Er arbeitet, stets freundlich, so viel wie möglich, um bald wieder bei seiner Familie zu sein.

PER FÄHRE NACH JUVENTUD

Kolumbus war auf seiner zweiten Reise in die Neue Welt freiwillig auf der Isla de Pinos, später (ab 1975) Isla de la Juventud, Insel der Jugend, genannt – und Fidel Castro einige Jahre zwangsläufig. Der spätere Regierungschef saß nach seinem missglückten Attentat auf Präsident Batista längere Zeit im Gefängnis der größten kubanischen Insel ein. Später ließ Castro im Norden der Insel ein kombiniertes Schul- und Agrarprojekt bauen, in dem die Jugendlichen morgens lernen und nachmittags die Felder bewirtschaften. Doch vieles von dem liegt seit Anfang der 1990er-Jahre brach, und der Staat setzt auf Tourismus.

Der Hafen in der Hauptstadt Nueva Gerona wurde erweitert, sodass neben den Fähren sogar Kreuzfahrtschiffe ankern können. Eine Vorausbuchung von mindestens zwei Tagen ist dringend notwendig. Und manchmal fällt gerade dann die gebuchte Fähre aus. Das ärgert nicht unbedingt wegen der bezahlten 15 CUC, sondern wegen des enormen Zeitverlusts.

WEITERE INFORMATIONEN ZU CAYO LARGO

Fährunternehmen in Nueva Gerona: Empresa Viamar, Tel. (534) 632 44 15

Symbol für die Geschichte der Schweinebucht: ein Schiffswrack unter Kokospalmen (oben). US-Kampfflugzeug im Museo de la Intervención (rechts oben). Der Tag der fehlgeschlagenen Invasion ist dort minutiös nachzuerleben. Stelzenbungalow des Hotels »Villa Guama« an der Laguna del Tesoro (rechts unten).

28 Geschichtsstunde – Bahía de Cochinos

In der Schweinebucht

Von großer historischer Bedeutung ist die Bahía de Cochinos, die 1961 berühmt gewordene Schweinebucht. Diesen Ort auf Kuba sollte man gesehen haben. Erzählt er doch von der erfolglosen Invasion durch Kontrarevolutionäre, angezettelt durch die USA während der Kennedy-Zeit. Dazu gibt es die Schatzlagune, eine Krokodilaufzuchtfarm und die Playa Girón, einen schönen Strand zum Schwimmen für die ganze Familie.

An der Autopista Nacional zwischen Havanna und Santa Clara gibt es eine Ausfahrt namens Jagüey Grande. Wer hier den Blinker setzt und abbiegt in Richtung Central Australia, landet nicht im Outback Australiens, sondern wandert auf historischen Pfaden. Denn das Ende der Straße heißt Bahía de Cochinos, die Schweinebucht. 1961 erlangte sie traurige Berühmtheit, und bis heute steht sie symbolisch wie ein Mahnmal für eine glücklose politische Entscheidung. Die US-amerikanische Regierung unter John F. Kennedy hatte eine Invasion von 1500 Exil-Kubanern gutgeheißen, die eine Gegenregierung zu Fidel Castros Revolutionsregime errichten wollten. 24 Flugzeuge und 14 Kriegsschiffe begleiteten sie am 17. April 1961. Trotzdem wurde die Landung der Exil-Kubaner in der Bahía de Cochinos ein Desaster. Fidel Castro führte ein 20 000 Mann starkes Heer in den 72 Stunden dauernden Kampf. Erfolgreich schlug er die Eindringlinge zurück. Viele Söldner wurden gefangen genommen, 150 kamen bei dem Angriff ums Leben. Aber auch unter Castros Mannen gab es Opfer. Entlang der Straße zur Bahía de Cochinos erinnern Gedenksteine mit Namen sowie kleine Denkmäler an die Gefallenen.

Geschichtsstunde – Bahía de Cochinos

Fidel Castro hatte sein Hauptquartier in einer Zuckermühle in Central Australia. Von dort befehligte er die erfolgreiche Abwehr gegen die Invasion durch die exil-kubanischen Söldner. Im Museo Memorial Comandancia de la Far, das in dieser Zuckermühle eingerichtet wurde, erhalten Interessierte weiterreichende Informationen. Die Westseite der Bahía de Cochinos ist ein Tierreservat, das nur mit Sondererlaubnis besucht werden darf.

See der Krokodile

Für Gänsehautfeeling sorgt auch ein Abstecher Richtung Schatzlagune. Die Laguna del Tesoro ist ein großes Binnengewässer, etwa 18 Kilometer südlich der genannten Autobahnausfahrt. In der unweit davon bei La Boca gelegenen Krokodilaufzuchtstation Criadero de Cocodrilos leben gut 3000 Krokodile in den umgebenden sumpfigen Seen. Auf dem Rundgang blickt man in so manches aufgerissene Krokodilmaul, und man kann sich des Gefühls nicht erwehren, von vielen kleinen Augen beobachtet zu werden. Mit peitschendem Schwanz verschwinden die Tiere wieder im Wasser. Aber keine Angst: Die Seen sind eingezäunt. Zum Programm gehört es, dass ein Krokodiljäger ein kleineres Tier mit dem Lasso einfängt und es sich zum Fotoshooting um den Hals legt.

Im Souvenirshop der Krokodilstation werden entsprechende Produkte verkauft. Doch auch hier gilt Vorsicht! Selbst wenn diese Waren für manche Urlauber verführerisch aussehen: Die Einfuhr von artengeschütztem Krokodilleder nach Europa ist verboten. Nicht untersagt ist es hingegen, Krokodilfleisch zu probieren, das ähnlich wie Hähnchen schmeckt und in den Restaurants von La Boca angeboten wird.

Die Laguna del Tesoro

Aber was hat es nun mit der Schatzlagune auf sich? Die Geschichte kann man sich gut beim Essen erzählen lassen, ehe man sich die Nachbauten präkolumbischer Indianerhütten im Freilichtmuseum Guamá ansieht. In der Laguna del Tesoro ist der Sage nach der Besitz von Indianern versenkt, die ihn so vor den Spaniern retten wollten. Im Schatzsee stehen sieben künstliche Inselchen auf Pfählen. Sie sind mit Brücken und kleinen Stegen miteinander verbunden. Zum Abschluss lockt schließlich noch das Karibische Meer zum Schwimmen an der Playa Girón mit ihrem zwar nicht sehr breiten, aber weißen Sandstrand. Alternativ geht man weiter östlich ins kristallklare Wasser von Caleta Buena. Dort wartet zudem ein Korallenriff auf Schnorchler.

DIE FLUGZEUG-TROPHÄE

Der 17. April 1961 wird im Museo de la Intervención von Playa Girón jeden Tag aufs Neue lebendig. Der Tag der fehlgeschlagenen Invasion durch Exil-Kubaner ist dort minutiös nachzuverfolgen, Karten veranschaulichen den Kurs der Invasion. Gezeigt werden anhand von umfangreichem Bildmaterial die Kämpfe zwischen den Truppen, andere Fotos zeigen Gefangene und Szenen aus dem Prozess gegen die Invasoren. Biografien erinnern an die 156 gefallenen Kubaner. Mit einem gewissen Stolz präsentiert das Museum ein abgeschossenes US-Flugzeug, aber auch den Panzer von Fidel Castro. Maschinengewehre von damals sind ebenso zu sehen wie Mörser und Raketenwerfer.

Das Museum beleuchtet aus kubanischer Sicht die Hintergründe des Angriffs und zeigt auch Aufnahmen von Sabotageakten durch die US-Amerikaner auf Kuba. Für einen geringen Obolus kann man den Dokumentarfilm *Muerte a los Invasores*, »Tod den Invasoren«, ansehen. Er wurde während des 72 Stunden dauernden Kampfes um die Insel gedreht.

WEITERE INFORMATIONEN ZU BAHÍA DE COCHINOS

Museo de la Intervención: Playa Girón, tägl. 8–12 und 13–17 Uhr

Die Mitte

29 Süßer Reichtum – Cienfuegos

Villen im Zuckerbäckerstil

An einer der schönsten Buchten des Landes entstand um 1750 die erste Zuckermühle im Zentrum Kubas. Knapp 70 Jahre später wurde Cienfuegos gegründet. Schon bald reihte sich der Ort unter die reichsten Gemeinden der Insel ein. Villen im neoklassischen oder maurischen Stil, eine Miniatur des Capitol in Washington und der wohl attraktivste botanische Garten des Landes locken heute in diese Weltkulturerbestätte der Menschheit.

Ein Theater mit Geschichte: Seit 1890 existiert das Tomás-Terry-Theater, in dem schon Enrico Caruso auftrat (unten). Der Mond leuchtet über der Catedral de la Purísima Concepción am Parque José Martí (rechts). Der Park ist das Herz der schönen Stadt Cienfuegos.

Rund 250 Kilometer östlich der Hauptstadt Havanna ticken die Uhren anders. Sie scheinen schlicht langsamer zu gehen. Jesus ist der fleißige Fahrer eines Fahrradtaxis in Cienfuegos. Er sagt »Fahrradtaxi«, nicht Rikscha. Seine größte Konkurrenz sind keine eierförmigen Mototaxis wie in Havanna: In der Provinzhauptstadt auf dem Land muss er es mit Pferdedroschken aufnehmen, die wie Buslinien bestimmte Routen abfahren. »Die Rikscha stellt der Staat – gegen 50 Peso Pacht pro Monat«, sagt Jesus. Fünf Peso kostet eine Fahrt, gegenüber einem Peso für den Pferdebus. Befördert er aber einen Touristen, wird flugs ein Euro verlangt. Jesus scheint dabei kein schlechtes Gewissen zu haben. Touristen sind für ihn ja unendlich reich. Aber dafür darf die Strecke mit einem Urlauber auch etwas länger sein als sonst üblich.

Trotz der Preisdifferenz lohnt eine Tour mit Jesus oder einem seiner Fahrradtaxi-Kollegen. Cienfuegos hat ein gewisses französisches Flair, ein spürbares Laissez-faire, etwa auf der Promenade Paseo del Prado oder den von Palmen bestandenen Straßen entlang der Bucht von Jagua. Natürlich kommt der Einfluss nicht von ungefähr. Der spanische Gouverneur und

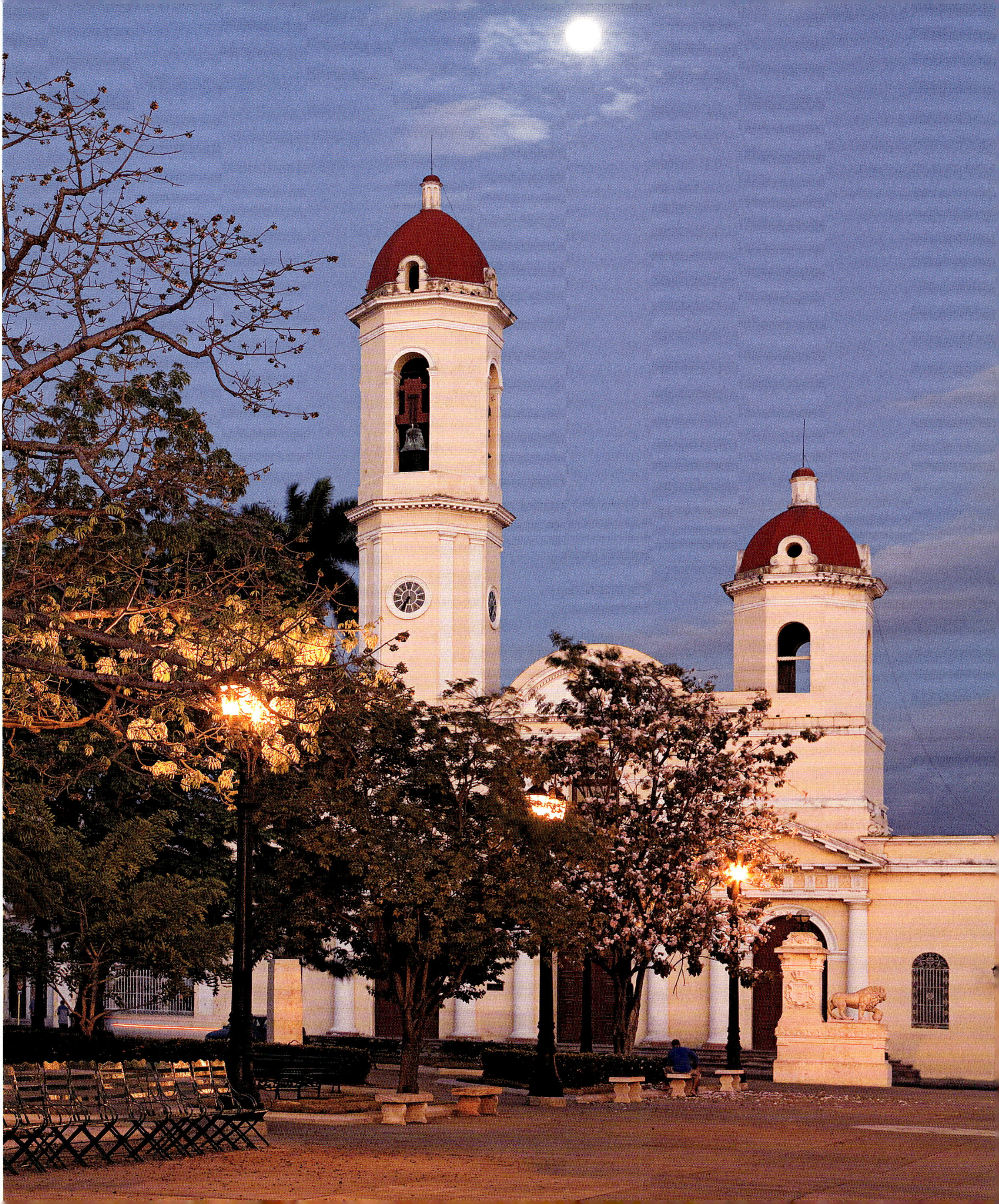

Die Mitte

Das Denkmal des Dichters und Freiheitskämpfers José Martí gibt's seit 1906 (unten). An dem nach ihm benannten Platz steht auch der Triumphbogen (rechts oben). Playa Rancho Luna (rechts unten).

Stadtnamensgeber José Cienfuegos lockte die französischen Siedler an aus ihrem Heimatland, vor allem aus Bordeaux, aber auch aus dem nahen New Orleans und aus Florida. Das Ungleichgewicht von schwarzen Sklaven auf den Zuckerrohrplantagen und ihren weißen Herren schien rein quantitativ so unausgewogen, dass es dem Politiker als latent gefährlich erschien. Deshalb entschloss er sich, willigen weißen Neuankömmlingen die Überfahrt zu bezahlen und ihnen auch gratis Land zu geben. So übernahmen französische Familien den Löwenanteil bei der Entstehung der Stadt, die geradlinig geplant wurde: Cienfuegos gehört zu den wenigen streng geometrisch konzipierten Städten der Erde. Die Straßen verlaufen exakt von Nord nach Süd und von Ost nach West, womit gleichmäßig quadratische Häusergevierte geschaffen wurden.

Doch nicht nur der Reißbrettentwurf ohne Kurven und Biegungen ist interessant. Auch die Gebäude, die das straffe Straßennetz erst zum Leben erwecken, wie Fleisch ein Skelett, heben Cienfuegos aus dem Einerlei anderer Städte hervor. Ihre Eleganz im Einzelnen, das herrschaftliche Erscheinungsbild in der Totalen, verbunden mit der städtebaulichen Harmonie veranlassten die Menschen, dem Ort Kosenamen zu geben, wie die Perle des Südens oder die schöne Stadt am Meer.

Zeugnisse und Helden von einst

Am 22. April 1819 wurde die Schöne unter spanischer Flagge als Fernandina de Jagua gegründet, dort, wo sich heute der Martí-Park befindet, der lange als Exerzierplatz diente. Zehn Jahre später wurde Fernandina nach dem Gouverneur José Cienfuegos umbenannt. 1881 bekam der Ort das Stadtrecht und ist damit eine der jüngsten Städte Kubas.

Die ehemalige Plaza de Armas ist ein imposantes Rechteck mit 100 mal 200 Meter Ausmaß. Das Zentrum des Platzes war der Kilometer null, von dem aus die ersten Häuserblocks berechnet wurden. Heute steht im Zentrum des Platzes ein 1906 geschaffenes Denkmal des neuen Namensgebers, José Martí, dem Dichter, Freiheitskämpfer und verehrten Nationalhelden des Landes. Die Statue steht auf einem Marmorpodest. Mit erhobenem Arm grüßt Martí die Passanten. Auch der einzige Triumphbogen auf der Insel befindet sich auf der heutigen Plaza Martí. Er wurde ebenfalls Anfang des 20. Jahrhunderts errichtet und erinnert zum einen an die französische Heimat der Siedler und zum anderen an die Ausrufung der Republik Kuba im Jahr 1902. Letzteres gilt auch für das Capitolio. Es ist deutlich kleiner als das von Havanna oder Washington und bis heute Sitz der Provinzregierung. Die

Republik von 1902 brachte zwar die Unabhängigkeit von der Kolonialmacht Spanien, war aber gleichzeitig auch eine Scheinrepublik, da die Verfassung den USA ein militärisches Eingreifen erlaubte, falls US-Interessen beeinträchtigt wären. Somit fehlte ein Grundpfeiler für jeden unabhängigen Staat: die Souveränität. Insgesamt bildet der Martí-Park ein Ensemble aller wichtigen Gebäude einer Stadt. Neben den schon aufgeführten Bauten gesellen sich auch noch Theater, Historisches Museum, herrschaftliche Paläste und natürlich die Kathedrale, La Purísima Concepción, dazu. Im Tomás-Terry-Theater, schon 1890 mit 900 Plätzen erbaut, traten einst Enrico Caruso oder Sarah Bernhardt auf. *Aida* gab es zur Eröffnung, und die Premierengäste staunten nicht schlecht über die Mosaike, die feine Innenausstattung mit kubanischen Edelhölzern und vor allem über die goldene Decke des Zuschauerraums. Das Haus wird bis heute bespielt.

Der Paseo del Prado

Die historische Altstadt bekam von der UNESCO 2005 den begehrten Weltkulturerbestatus zuerkannt. Eine große Ehre für die 140 000-Einwohner-Provinzstadt, die aber auch außerhalb des Zentrums noch einiges zu bieten hat. So fährt Jesus mit seiner Kundschaft gerne auch den Paseo del Prado entlang. Lange Zeit wurde er aufgrund der Rassentrennung ausschließlich von den Weißen auf der einen und von den Schwarzen auf der anderen Seite benutzt. Der Paseo wird flankiert von weiteren eleganten Herrschaftshäusern und reicht bis zur Uferstraße sowie weiter bis zur Halbinsel Punta Gorda. Dort, an der knapp 100 Quadratkilometer großen Bucht von Jagua, die drittgrößte und damals schönste an den Gestaden der Insel, fing 1750 mit der ersten Zuckermühle der Gegend alles an. Zumindest heißt Bahía di Jagua in der Indianersprache die Bucht der Schönheit. Das erkannte schon 1494 Christoph Kolumbus. Bei klarer Sicht sieht man die kleine Cayo Carenas. Das Castillo Nuestra Señora de los Angeles de Jagua mit seinen Rundkuppeltürmen grüßt vom Eingang der Bucht, und am Ende der Landzunge stößt man auf den im maurischen Stil errichteten, etwas kitschig wirkenden Palacio de Valle, den der reiche Kaufmann de Valle von 1913 bis 1917 für die damals unvorstellbare Summe von 1,5 Millionen US-Dollar erbauen ließ. Der Palast im Zuckerbäckerstil ist das wohl am häufigsten fotografierte Gebäude von Cienfuegos.

Exportschlager Zucker

Auch heute ist die Stadt ein Wirtschaftszentrum. Und so wird La Perla del Sur gern auch El Gran Puerto de las Américas genannt. Dies ist der größte Zuckerexporthafen der Welt. Aktualität erlangte nach dem Reaktorunfall im japanischen Fukushima auch die Ruine des einzigen Kernkraftwerks auf Kuba. Es wurde nie fertiggestellt, da nach dem Zusammenbruch der Sowjetunion dafür keine finanziellen Mittel mehr zur Verfügung standen. Welch ein Glück, möchte man nach Fukushima sagen. Zumal neben dem Zuckerexport auch der Krabbenfang ein wichtiger Wirtschaftszweig der Stadt ist.

UND JETZT ZUM BADEN ...

Für die einen ist das Delfinarium von Cienfuegos das Höchste. Dort kann man in einem Meerwasserbecken mit Delfinen schwimmen und spielen. Wer solche Attraktionen jedoch weniger schätzt, aber das Meer liebt, fährt zur Playa Rancho Luna. Sie gilt als der schönste Strand der Umgebung von Cienfuegos. Palmen spenden Schatten, und das Karibische Meer schimmert in diversen Blautönen. Der hellsandige Strand ist breit, flach abfallend und damit kinderfreundlich. Liegestühle stehen – gegen Entgelt – an den Hotelstränden zur Verfügung, und mittlerweile gibt es auch weitere Infrastruktur: Besonders das Wassersportangebot inklusive Tauchtouren ist breit gefächert. Aber auch Beachvolleyball, Tennis oder Minigolf stehen im Freizeitangebot. Von den Einheimischen wird der Strand gern als Picknickplatz aufgesucht.

WEITERE INFORMATIONEN ZU CIENFUEGOS

Die Playa Rancho Luna liegt knapp 20 Kilometer von Cienfuegos entfernt. Ein Taxi kostet gut 5, Übernachtungen in netten »Casas Particulares« knapp 15 Euro.

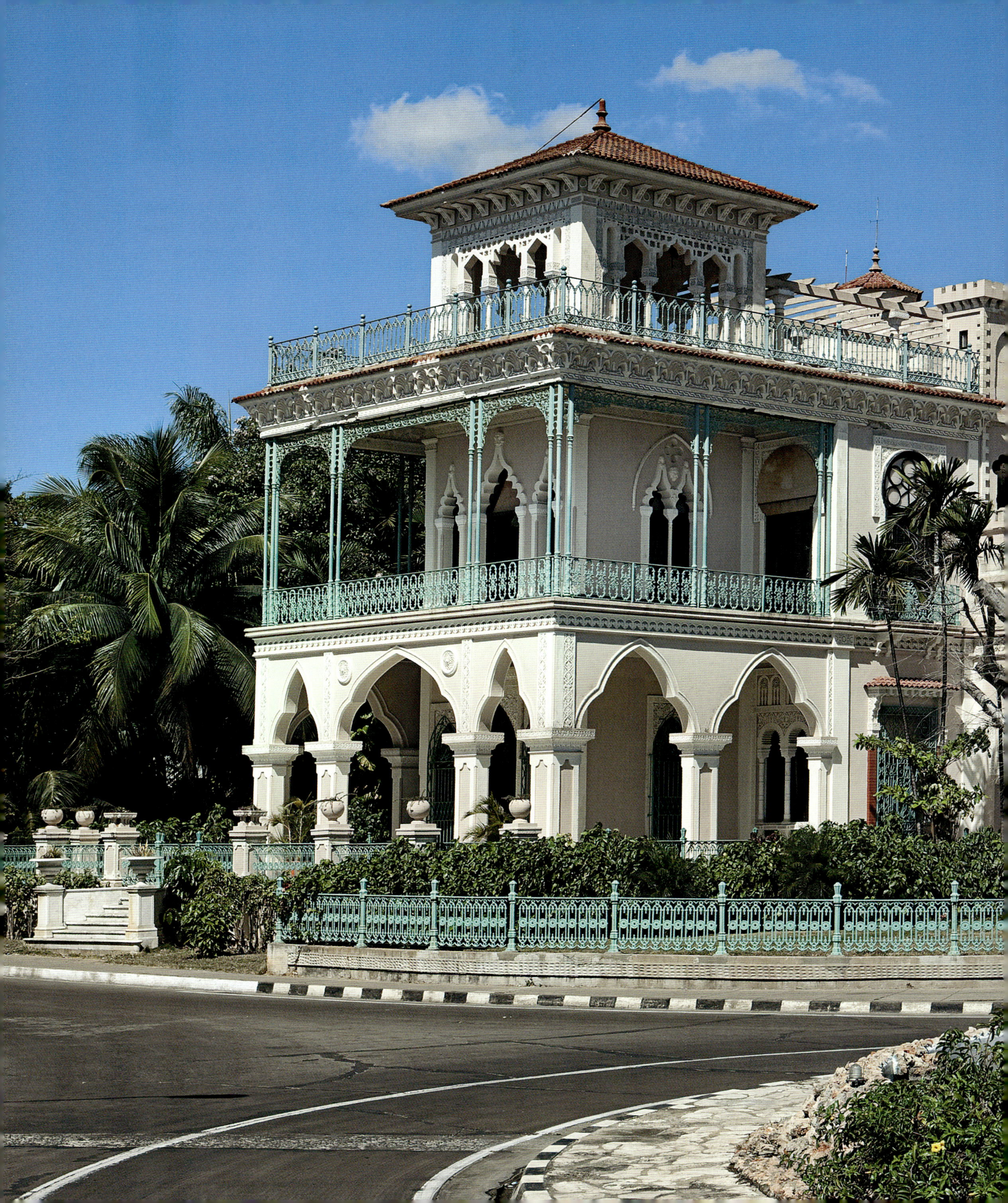

Ein bisschen Zuckerbäckerstil, ein wenig maurische Architektur – und zusammen sündhaft teuer: der Palacio de Valle von Cienfuegos.

Abendliche Stimmung in der Stadt des Che Guevara (rechts unten), die von dem nach ihm benannten, mächtigen Monument dominiert wird (oben). Santa Clara war Schauplatz eines entscheidenden Kampfes der Revolutionäre, die Che geschickt zum Sieg führte. Orchidee am Embalse Hanabanilla (rechts oben).

30 Im Griff der Revolution – Santa Clara

Die Stadt des Che

Den entscheidenden Kampf gegen Diktator Fulgencio Batista führten die Revolutionäre Ende des Jahres 1958 unter dem Kommando von Che Guevara in der Umgebung von Santa Clara. Deshalb dominiert der populäre Guerillero bis heute mit Denkmal, Museum und Mausoleum die Stadt. Doch das schöne Santa Clara hat mit seiner gut erhaltenen Bausubstanz aus dem 19. Jahrhundert noch weitere Sehenswürdigkeiten zu bieten.

Er war Marxist und Guerillaführer, er wurde zur Ikone der Popkultur, und das Time Magazine zählte ihn sogar zu den 100 einflussreichsten Menschen des 20. Jahrhunderts. Ein einziges Bild machte ihn weltberühmt: die Fotografie von Alberto Korda, die ihn als Guerillero Heroico, als heroischen Kämpfer, zeigt. Es gilt als das berühmteste Foto einer Person überhaupt, geschossen im März 1960, rund 14 Monate nachdem Batista Kuba verlassen hatte und die Revolutionsbewegung ihren Sieg davontrug. Gemeint ist Ernesto Guevara de la Serna, häufig nur Che genannt. Es war sein Spitzname in Guatemala. Er wurde 1928 in Argentinien geboren, verstarb 1967 in Bolivien und bekam 1997 in Santa Clara auf Kuba eine prunkvolle Beisetzung, nachdem seine lange Zeit verschollenen sterblichen Überreste in Bolivien gefunden worden waren.

Bis heute wird er im Mausoleum verehrt, und bis heute steht die ganze Stadt Santa Clara wie in einem riesigen Schatten des wohl bekanntesten Revolutionärs Lateinamerikas. Santa Clara gilt als Ort seines größten militärischen Erfolgs. Unter seinem Kommando wurde die strategisch wichtige Stadt Ende Dezember 1958 eingenommen,

Im Griff der Revolution – Santa Clara

nachdem die Revolutionäre einen Waffentransport des Diktators Batista erbeuten konnten. Damit war der Weg nach Havanna frei. Am 1. Januar 1959 flüchtete Batista schließlich aus Kuba.

Che Guevara und seine Revolution

Zwar liegen neben Che auch weitere gefallene Revolutionäre in dem mächtigen Mausoleum, benannt ist es aber ausschließlich nach ihm. Außerdem erinnern das Monument am Revolutionsplatz, das ihn hoch auf einem Sockel mit Gewehr zeigt, und ein Museum an den posthum zum Popstar avancierten Revolutionär. Für alle Guerilleros ist das Monumento al Tren blindado gedacht, das Monument des gepanzerten Zugs, der ebenjene Waffen transportierte, die Batista für seine Truppen so dringend benötigt hätte, mit denen sich Che und Gefolge aber den weiteren Weg bahnten. Die rotbraunen, mittels einer Planierraupe zum Entgleisen gebrachten Eisenbahnwaggons der Regierungstruppen stehen mitten im Zentrum von Santa Clara und dürfen betreten werden. Diverse Ausstellungsstücke und Schautafeln dokumentieren darin die damaligen Vorgänge.

Leben am Parque Vidal

Mit knapp 250 000 Einwohnern gehört der Universitätssitz Santa Clara zu den größten Städten des Landes. Im Zentrum, am Parque Vidal, trifft sich die ganze Stadt, und hier stehen die architektonisch schönsten Gebäude der Stadt. Die meisten sind renoviert und von unterschiedlichen Stilrichtungen geprägt – von kolonialer Bauweise über neoklassizistische Ausrichtungen bis zu Art déco. Darunter befinden sich das Museum für dekorative Künste und das Theater la Caridad.

Der Platz eignet sich zudem bestens zum Relaxen und Beobachten der Einheimischen, die dort spazieren gehen, inlineskaten, plaudern und lachen. In der Fußgängerzone, dem Boulevard, lässt es sich ebenfalls gemütlich schlendern. In einer der Bars kann man zwischendurch einen Mojito bestellen. Ganz anders zeigt sich der Gemüse- und Obstmarkt in der Nähe des Baseballstadions. Der Sandino lohnt besonders am Sonntagmorgen, dann ist am meisten los.

Rund 40 Kilometer entfernt liegt Remedios, ein kleines Städtchen mit bestens erhaltenen Kolonialstilhäusern. So manche Besucher meinen, es brauche nicht einmal den Vergleich mit Trinidad (siehe Highlight 31) zu scheuen. Wohl aber auch, weil so gut wie kaum ein Tourist den Weg nach Remedios findet, während Trinidad an manchen Tagen schon mal überlaufen sein kann. Übrigens waren es die Bürger von Remedios, die Santa Clara 1691 gründeten.

NATURIDYLLE UND WASSERRESERVOIR

Embalse Hanabanilla heißt der größte Bergsee Kubas, der nördlich des naturbelassenen Parks Topes de Collantes und südlich von Santa Clara als Stausee angelegt wurde. Er ist eingezwängt zwischen Berghängen des Escambray-Gebirges und schlängelt sich über mehr als 30 Kilometer Länge durch die Natur, vorbei an Palmen, Pinien und zahlreichen Orchideenarten. Knapp 300 Millionen Kubikmeter Wasser werden durch eine Talsperre aufgestaut, die 1961, unmittelbar nach der Revolution, am Fluss Hanabanilla errichtet wurde. Es gibt ein Boot für eine Tour über den See, den reizvollen Ort Río Negro und mehrere Wasserfälle. Wer lieber solo unterwegs ist, kann Forellen angeln gehen oder sich auch ein Ruderboot mieten. Die Idylle stört eigentlich nur das an sozialistische Einheitsarchitektur erinnernde Hotel »Hanabanilla«.

WEITERE INFORMATIONEN ZU SANTA CLARA

Die Taxifahrt von Santa Clara zum See kostet hin und zurück gut 30 Euro.
Hotel »Hanabanilla«:
www.hotelhanabanilla.com

Die Mitte

31 Welkulturerbe – Trinidad

Als wäre die Kolonialzeit die Gegenwart

Trinidad gehört zu den Flecken, die man auf Kuba neben der Hauptstadt Havanna und einem unvermeidlichen Inselstrand gesehen haben sollte. Die Stadt wirkt wie ein bewohntes Museum, völlig unaufgeregt, als ob der Weltkulturerbestatus eine Selbstverständlichkeit wäre, so wie die holprig gepflasterten Gassen, der markante Kirchturm und die vorwiegend benutzte gelbe Farbe für den Häuseranstrich.

Andernorts wäre es eine Zirkusnummer. Der Junge nimmt einen flachen, scharfkantigen Stein, visiert kurz den nahen Mangobaum an, wirft – und trifft. Der Stein durchschneidet den Stiel einer Mango wie ein Messer. Schnell springt er unters Geäst – und fängt die Mango sicher auf, ehe sie am Boden aufprallen würde. Das so geerntete Obst bietet der Junge dem verdutzt dreinschauenden Touristen an, der gar nicht anders kann, als es anzunehmen. Und weil der Junge seine Treffsicherheit beweisen will, wiederholt er den Mangowurf. Trifft, fängt und sagt: »Eine Mango für dich, eine für mich. Ich heiße Juan.« Pause. Natürlich wartet der kleine Juanito jetzt auf einen der begehrten CUC für das gebotene Obst und die passende Show dazu. Doch das Bürschchen will scheinbar mehr: »Darf ich dir meine Stadt zeigen?«, fragt er, und der abermals verdutzte Tourist kann erneut nicht anders, als auch dieses Angebot anzunehmen.

Die Mango ist fantastisch: saftig, süß, ohne Fasern, so, wie eine gute Mango sein muss. »Die Saison hat gerade angefangen. Jetzt sind sie am besten«, bestätigt Juanito. Ansonsten ist er eher ein stiller Begleiter. Über Mangos weiß er Bescheid, auch den Markt kann er zielsicher

Der Blick über das Weltkulturerbe: Vom Glockenturm San Francisco de Asis hat man eine herrliche Aussicht (unten). Nicht nur an der Plaza Mayor (rechts) treffen jeden Tag neue Besucher ein. Trinidad gehört zu den Hotspots auf Kuba.

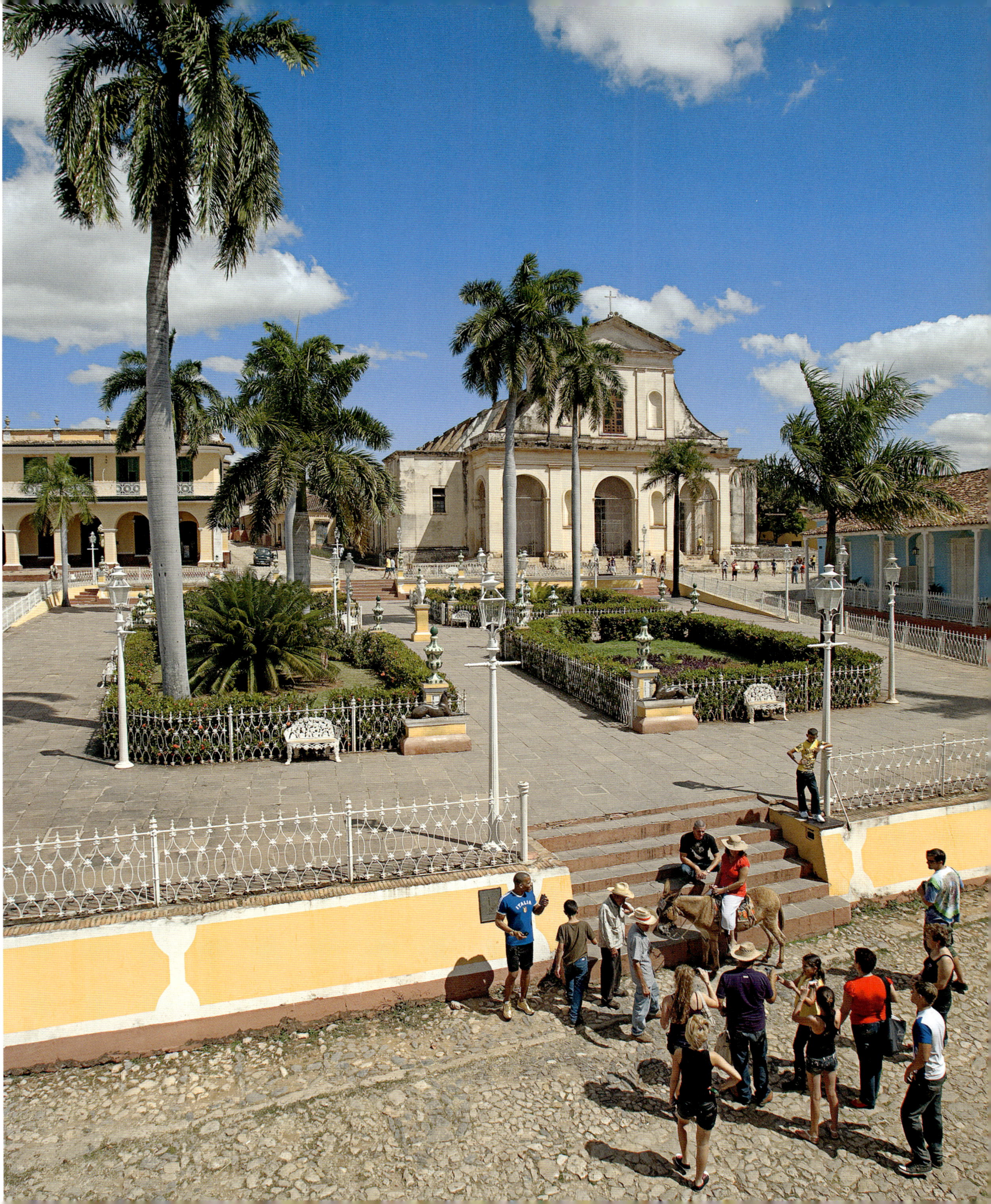

Heiß geliebtes Federvieh: Kubaner mit seinem Lieblingshahn (oben).

zeigen, doch bei Fragen zur Geschichte von oder Geschichten aus Trinidad muss der Kleine passen. »Was die Fremden alles so wissen wollen«, wird er sich wohl denken …

Kubas schönstes Welterbe

Trinidad de Cuba ist eine Stadt wie ein Museum, das von Menschen bewohnt wird, die nicht wissen, dass ihre Heimat für Fremde wie ein Museum wirkt. Und dieses Trinidad-Museum dürfte – ohne die anderen ausgewählten Orte in Kuba herabsetzen zu wollen – auch das schönste, bedeutendste und authentischste Weltkulturerbe der Insel sein. Insgesamt gibt es neun kubanische Welterbestätten, angefangen bei Havannas Altstadt (siehe Highlight 2) über den Naturpark Alexander von Humboldt (siehe Highlight 43) bis zum zuletzt, im Jahr 2008, auserwählten historischen Zentrum von Camagüey (siehe Highlight 35). Und da die UNESCO 2003 auch eine Konvention zum Schutz des immateriellen Welterbes verabschiedet hat, trägt auch der Tanz La Tumba Francesca den weltweit begehrten Status. Aber kein anderes Welterbe auf Kuba ist so beeindruckend und fesselnd wie Trinidad an der südlichen Karibikküste.

Die Stadt beheimatet Paläste und Herrenhäuser, die sich mit umlaufenden Balkonen und Säulengängen schmücken. Dazu kommen auch einfache hölzerne Balustraden und die engen Kopfsteinpflasterstraßen sowie als geeigneter Kontrast dazu die weitläufige Plaza Mayor mit der Dreifaltigkeitskathedrale als Blickfang. All diese Bauwerke zeugen von einer großen Epoche und dem ehemaligen Reichtum der Stadt.

Weltkulturerbe – Trinidad

In diesem Stil zeigt sich das komplette historische Zentrum mit seiner sehr gut erhaltenen Bausubstanz. Das ist die eine Seite.

Farbenfrohes Trinidad

Die andere Seite ist das Leben in dieser Museumsstadt. In den Seitengassen mit ihren bunt gestrichenen Häuschen leben Menschen, schauen aus dem Fenster, stehen vor der Türe, ratschen, lachen. In diesen Gässchen sind die Häuser kleiner, bunter, schlichter und Renovierungsarbeiten häufig noch nicht angekommen. Bessere Eindrücke vom Leben auf Kuba findet man selten, denn der Alltag in Trinidad spielt sich im Freien ab. Die ursprünglichen Häuser haben nicht einmal Glasfenster, sondern häufig filigran vergitterte Öffnungen, sodass die Luft zirkulieren und trotzdem kein Fremder ins Haus kann. Schulkinder auf dem Nachhauseweg kommen vorbei, in sauberer weiß-roter Uniform. In einer anderen Gasse wird Ball gespielt. Am Eck verkauft ein alter Mann ein paar Bananen. Schaut man ihn genau an, kommt einem unweigerlich ein abgedroschenes Motto in den Kopf: In der Ruhe liegt die Kraft. Es scheint in diesem Fall bestens zuzutreffen. Auf dem Markt wiegt der Metzger mit seinem Cowboyhut das bisschen Fleisch, das er hat, noch mit Gewichten. Und ein Junge, kaum älter als Juanito, hat sich daneben ein kleines Tischchen aufgebaut. Darauf liegen fünf Tomaten und etwas Knoblauch ... Nach Feierabend sitzen die Frauen oft auf der Eingangstreppe und putzen das Gemüse fürs Abendessen, und wenn man Glück hat, spielt auch schon mal eine Salsa-Band auf offener Straße.

In Trinidad sollte man zumindest eine Weile seinen Reiseführer beiseitelegen, den touristischen Tunnelblick ausschalten und sich einfach treiben lassen. Auf einmal lugt Juanito durch eines der vergitterten Fenster und ruft freudig hinein: »Hallo Mama! Ich bin wieder da ... Und ein Gringo ist auch dabei!« Ein paar Sekunden später schaut eine Frau mit Lockenwicklern aus diesem Fenster, lacht so breit, wie Julia Roberts es nie schaffen würde und sagt: »Gracias, dass Sie meinen Sohn nach Hause gebracht haben. Kommen Sie, nehmen Sie einen Canchánchara! Er ist hausgemacht.« Das klingt nicht nur gut, die Mischung aus Rum, Limonensaft und Honig schmeckt auch! Und wie es der Zufall will, gehört der Dame eine Privatpension. Juanito ist also ein kleiner, aber netter Schlepper. Und sicher ist, gerade in Tri-

Nicht weniger geliebt ist allerdings die heimische Musik, die in Trinidad immer wieder auf offener Straße gespielt wird (oben). Die bunten Häuser geben schöne Motive ab (unten).

Die Mitte

Von der Plaza Mayor (oben) lässt sich Trinidad bestens in alle Richtungen erkunden. Besonders in diesem Städtchen bieten sich Casas Particulares (unten) als Übernachtungsstätten an, denn große Hotels gibt's im Zentrum nicht. Blick auf die Plaza (rechts oben), gemütliches Domino-Spiel (rechts unten).

nidad schnuppert man noch mehr Atmosphäre, wenn man in einem der vielen Casas Particulares übernachtet. Zumal sich im Gegensatz zu ähnlich schönen Städten keine Hotels und auch kaum Restaurants oder Läden im gut einen halben Kilometer breiten historischen Zentrum befinden.

Eine andere Frau trägt keine Lockenwickler, ist statt kaffeebraun schneeweiß, lacht nicht, sondern steht mit offenem Mund da und scheint verzaubert vom ersten Blick auf die Plaza Mayor zu sein. Dieser Urlauberin ergeht es wie den meisten Erstbesuchern von Trinidad. Umrahmt von bestens erhaltenen Stadtpalästen, Museen, Galerien und der Iglesia de la Santisima Trinidad, der Dreifaltigkeitskathedrale, deren Altar aus 18 verschiedenen Hölzern gefertigt wurde, ist diese Plaza die größte Attraktion mit unverwechselbarer Atmosphäre, als wäre die Kolonialzeit auch die Gegenwart. Auf den Bänken kann man es sich gemütlich machen, die Welt und Trinidad an sich vorbeiziehen lassen, oder man besucht eines der Museen auf der Plaza. Etwa das Museo Romántico an der nordwestlichen Ecke, welches das grauenhafte Schicksal der Sklaven auf den Zuckerrohrplantagen dokumentiert. Nur ein paar Meter vom Platz entfernt befindet sich in einem ehemaligen Kloster das Museo de la Lucha Contra Bandidos. Ein paar eindrucksvolle Exponate stehen schon im Innenhof, unter anderem ein Lkw und ein Boot, die beide im Kampf gegen Konterrevolutionäre eingesetzt wurden. Nur der markante Kirchturm macht der Plaza die Pole-Position streitig: Etwas versetzt ragt das Wahrzeichen Trinidads in die Höhe. Über eine Holztreppe gelangt man bis in die Spitze, von wo der Blick natürlich zurück auf die Plaza Mayor geht, aber auch in die Ferne: zum einen zum Karibischen Meer und zum anderen in Richtung Sierra del Escambray (siehe Highlight 32), die bewaldete Hügelkette, die Trinidad nach Norden hin abschirmt.

Die Zuckermetropole

Trinidad wurde 1513 vom Seefahrer Diego Velázquez de Cuéllar gegründet. Er vermutete Goldvorkommen in der Gegend. Velázquez zog aber bald ab. Das Ergebnis war ihm zu mager. Der Anbau von Zuckerrohr folgte erst im 17. Jahrhundert. Wegen der Sierra del Escambray war Trinidad auf dem Landweg aber nur schwer zu erreichen, womit erklärt werden kann, warum der Ort an der spanischen Krone vorbei auch Handelsbeziehungen zu anderen

Ländern unterhielt. Diese offizielle Sprachversion könnte man allerdings auch kurz und knapp mit Schmuggel bezeichnen. Jedenfalls wurde Trinidad durch Zucker und Tabak, Viehwirtschaft, aber auch durch Sklavenhandel bis zum 18. Jahrhundert ein reicher Ort. Im 19. Jahrhundert wuchs er sogar zur bedeutendsten Zuckermetropole Kubas heran, ehe Sklavenaufstände sowie später die Abschaffung der Sklaverei und der gleichzeitige Niedergang der Rohrzuckerproduktion durch den neuen Zuckerrübenanbau in Europa die Blütezeit beendete. Zudem lief ihm das nahe Cienfuegos (siehe Highlight 29) langsam den Rang ab. Die Stadt hatte nicht nur einen Hafen, sondern ab 1860 auch deutliche Exportvorteile durch den Anschluss an das kubanische Eisenbahnnetz. Zum Vergleich: Trinidad wurde erst knapp 100 Jahre später an das Straßennetz angebunden, nach Cienfuegos und Sancti Spíritus (siehe Highlight 33).

Keine Frage: Trinidad de Cuba ist mit Recht eine der wichtigsten Attraktionen der Insel. Keine Stadt hat so liebevoll restaurierte Kolonialbauten. Und trotz des regen Zulaufs durch den hohen Bekanntheitsgrad aufgrund des Weltkulturerbestatus hat Trinidad seinen verschlafenen Charme bewahrt. Die einmalige Stimmung wird kaum gestört durch die vielen über das Kopfsteinpflaster spazierenden Touristen, die täglich aus anderen Teilen Kubas herangekarrt werden. Schließlich fahren bis heute auch Pferdekutschen durch die Gassen und erzeugen dabei einen unverwechselbaren nostalgischen Klang. Weite Teile der Altstadt sind für Autos gesperrt. Läden sind rar, abgesehen von der Calle Simón Bolivar, schrille Neonlicht-Souvenirshops gibt's nicht. Wer in Trinidad nächtigt, sollte das Städtchen trotzdem morgens und spätnachmittags erkunden, wenn die Busse noch nicht da oder schon fort sind.

Unrühmliche Sklavengeschichte

In der Zwischenzeit kann man sich das attraktive Umland anschauen, zum Baden an den Strand fahren oder in der Sierra del Escambray die Wanderstiefel schnüren. Als Ausflugsziele bieten sich das Zuckerrohrtal Valle de los Ingenios, die Halbinsel Ancón mit dem gleichnamigen, fünf Kilometer langen Strand und der Nationalpark Topes de Collantes an. Im Tal der Zuckermühlen sollte man unbedingt den Aufstieg in den Turm Manaca wagen. Er ist an die 50 Meter hoch und wurde zur Beaufsichtigung der Arbeitsklaven erbaut. Mit welchen Peitschen die armen Menschen gezüchtigt und mit welchen Handschellen sie fixiert wurden, erfährt man dann nachmittags im gar nicht so romantischen Museo Romántico, dem ehemaligen Stadthaus eines Zuckerbarons, an Trinidads Plaza Mayor. Nämlich dann, wenn die Touristenbusse wieder abgefahren sind.

DER DOMINO-EFFEKT

Pedro hat drei Kumpels eingeladen. Der Tisch steht auf der Straße. Im Nu sind auch einige Nachbarn als Kiebitze gekommen. Nach wenigen Minuten, das erste Spiel hat gerade erst begonnen, sind die vier umringt von einem Dutzend Leuten. Die Buben haben kein T-Shirt an, und auch ein alter Mann zeigt sich oben ohne. Sie alle sind fasziniert von Domino. Dabei müssen die zugemischten Spielsteine passend an andere Steine in der Spielmitte angelegt werden. Daraus resultieren bei jedem Spiel neue Steinstrukturen auf dem Spieltisch. Sich dazugesellen, das Spiel, die Spieler und Zuschauer auch zu fotografieren, ist meistens kein Problem. Man sollte nur nicht gleich loslegen, sondern erst ein wenig Interesse am Spiel zeigen. Und wer seine Aufnahmen auf dem Display vorführen kann, der wird gleich integriert. Das versteht man unter dem etwas anderen Domino-Effekt ... Zum Mitspielen wird man nicht aufgefordert. Die kubanische und karibische Domino-Variante ist auch vergleichsweise kompliziert und meistens für vier Personen in zwei Partnerschaften ausgelegt.

WEITERE INFORMATIONEN ZU TRINIDAD

Domino-Regeln: http://de.domino-games.net/spielregeln.html

Beliebt bei Einheimischen wie Touristen: Trinidad, die wohl beeindruckendste der kubanischen Weltkulturerbestätten.

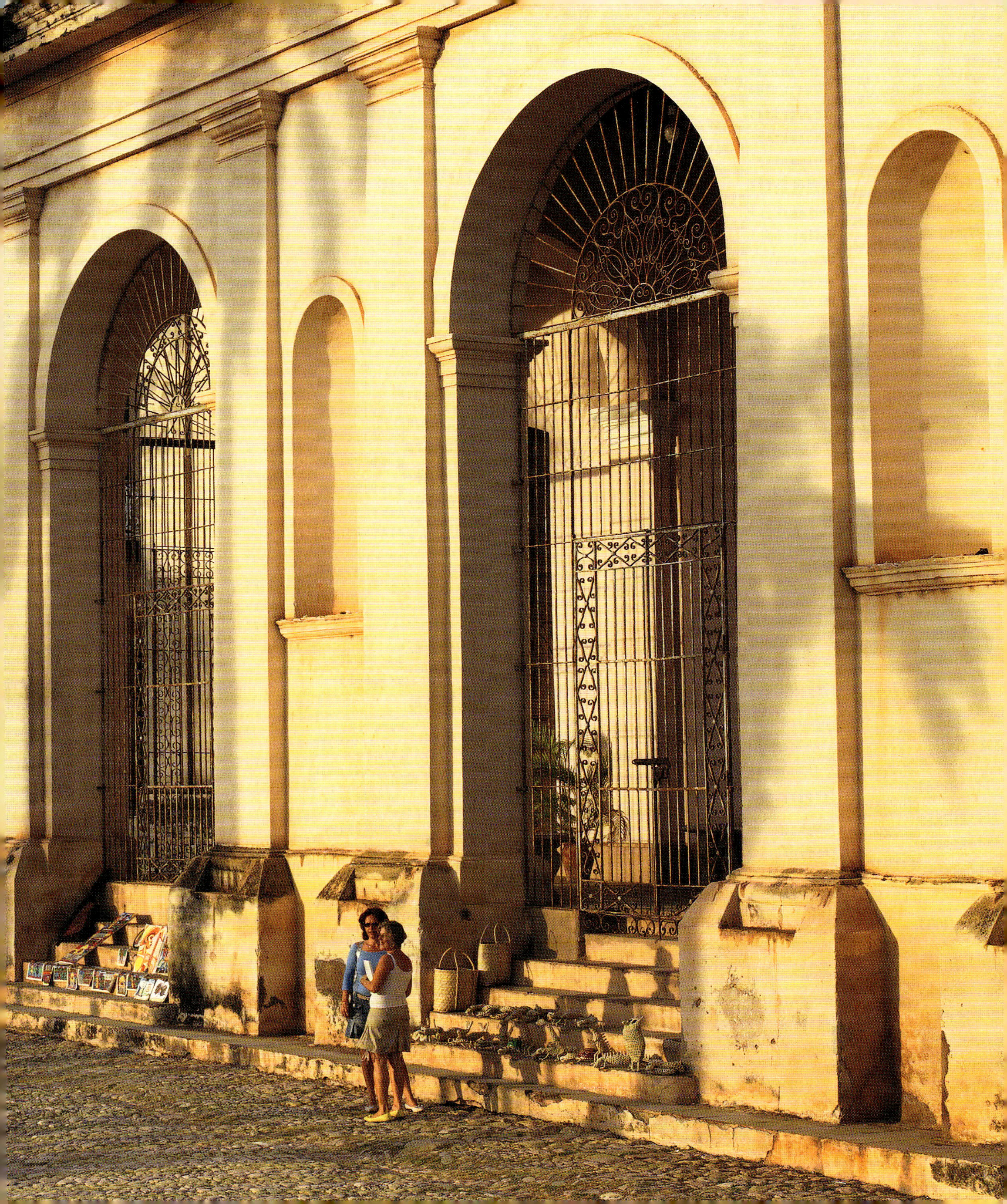

Wasserfälle sind eines der Hauptkennzeichen für die Sierra del Escambray. Aber Vorsicht! Das Wasser ist nicht karibisch warm, sondern ganz schön kühl!

32 Hoch hinaus – Sierra del Escambray

Kuba ganz in Grün

Zwischen Trinidad und Santa Clara liegt die Sierra del Escambray, das zweithöchste Gebirge Kubas. Man kann die grüne, hügelige Landschaft in einem Tagesausflug von Trinidad aus erkunden. Oder man bleibt über Nacht im Gebirge – im Kurhotel »Escambray«.

Eine Schönheit ist es nicht und zieht dennoch alle Augen auf sich: Wer von Trinidad die Straße ins Gebirge Sierra del Escambray hinauffährt, erblickt auf 800 Meter Höhe links auf einer Ebene das mehrstöckige Hotel »Escambray«. Das noch unter Batista erbaute Kurhotel funktionierte Fidel Castro kurzerhand zum Lehrerkolleg um, bevor es jahrelang leer stand und nun wieder seinen eigentlichen Sinn erfüllt: als Drei-Sterne-Kurhotel mit 228 Zimmern und Swimmingpool Menschen beim Gesundwerden zu helfen. Das klappt auch außerhalb des Kurhotels wunderbar, schließlich gehört zur Sierra del Escambray auch der Nationalpark Topes de Collantes, ein Naturparadies mit den unterschiedlichsten Grüntönen eines tropischen Waldes. Mehr als 50 verschiedene Orchideen- und Vogelarten sind hier zu finden. Ein Halbtagesausflug zu Fuß ist es vom Kurhotel bis zum Wasserfall Salto de Caburní. Der Lohn ist ein Bad im kristallklaren Pool des Wasserfalls, der 65 Meter tief den Berg hinabstürzt. Aber Achtung: Das Wasser ist ganz schön kühl! Handtücher und Getränke sollte man mitbringen, denn sie werden dort noch nicht angeboten. Mit etwas Glück kann man aber auf dem Rückweg einen frisch aufgebrühten Kaffee kaufen. Bis an den Wegesrand wachsen die Kaffeesträucher mit ihren roten Früchten, in deren Innerem die Kaffeebohne schlummert. Sie werden von den Bauern geerntet und selbst geröstet.

TIPP: Wer die Region um den 1156 Meter hohen Pico San Juan näher erkunden möchte: Über holprige Schotterstraßen fahren umgebaute Lastwagen zur »Casa de la Gallega« oder zur »Ranchon Los Almendras«, wo man übernachten kann. www.autenticacuba.com

33 Auf Entdeckungstour – Sancti Spíritus

Mädchen, die etwas für ihre Schönheit tun und sich die Fingernägel lackieren.

Eine der glorreichen Sieben

Da es weder Strand noch Autobahnanschluss hat, taucht Sancti Spíritus selten in Rundreiseprogrammen auf. Dabei gehörte die Stadt zu den ersten sieben Gründungen auf Kuba, und mit ihren Patrizierhäusern könnte sie auch als Double von Trinidad durchgehen.

Die Aussicht ist phänomenal. Wohl dem, der in Sancti Spíritus ein Zimmer im Hotel »Plaza« hat, das den direkten Blick auf den Hauptplatz der Stadt bietet, den Parque Serafín Sánchez. Wer hier drei Nächte wohnt, gehört schon fast zum Inventar – und wird von den Kubanern fast als seinesgleichen angesehen. Denn Touristen verirren sich selten nach Sancti Spíritus, das von den meisten Reiseveranstaltern recht stiefmütterlich behandelt wird. Und das, obwohl die Stadt mit Baracoa (siehe Highlight 41), Bayamo (49), Camagüey (35), Havanna (1–11), Santiago (45) und Trinidad (31) zu den ersten sieben auf Kuba gegründeten Siedlungen gehört. Mit seinen Herrenhäusern und Arkadengängen könnte Sancti Spíritus auch eine Schwester des nur 70 Kilometer entfernten Trinidad sein. Sogar einen Glockenturm, ähnlich wie das gelbe Wahrzeichen von Trinidad, gibt es: die Iglesia Parroquial Mayor beim Hauptplatz. Dort ist Sehen und Gesehenwerden – wie immer auf Kubas zentralen Plätzen – Pflicht. Da sitzt die Frau, die an einem Tischchen ihren Kundinnen neue Fingernägel anklebt. Da steht der in Adidas gekleidete Typ, der Sonnenbrillen verhökert. Und hier wird Musik gespielt. Das Spielkasino am Platz war eines der ersten, die Fidel Castro nach der Revolution enteignet und umgewandelt hat. Heute ist es eine Bücherei – für die lesebegeisterten Kubaner, die seit vielen Jahren mit Papier- und somit Büchermangel zu leben haben, ein irdisches Paradies.

TIPP: Geht man vom Parque die Hauptstraße Maximo Gómez zum Fluss, kommt man am ehemaligen Wohnhaus der Familie Valle Iznaga vorbei, das heute als Museum Einblick in die Zeit der Zuckerbarone gibt. www.autenticacuba.com

Die Mitte

34 Im Zentrum – Ciego de Ávila

Ohne Höhen und Tiefen

Ciego de Ávila ist eine typische Provinzstadt, die ziemlich genau im geografischen Zentrum von Kuba liegt. Echte Höhepunkte und Sehenswürdigkeiten gibt es keine. Gut, das schön verzierte Theater kann man aufsuchen. Aber auf der Plaza mit dem Parque José Martí zu verweilen und die Leute zu beobachten, gibt dem Besucher mehr: kubanischen Lebensalltag, fernab von Beeinflussung durch den Tourismus.

Die Heladería, das Eiscremehaus (unten), denn Abkühlung tut not im Zentrum Kubas. Typisch für Ciego de Ávila sind die bunten Häuser mit ihren Säulengängen – und auch dort der eine oder andere US-Schlitten vergangener Tage (rechts oben) sowie Pferdekutschen (rechts unten).

Der Eisverkäufer im Parque José Martí schaut ungläubig – Touristen verlaufen sich selten nach Ciego de Ávila – und fragt, ob alles in Ordnung sei: »Hola! Todo bien?« Die 100 000 Einwohner zählende Hauptstadt der gleichnamigen Provinz liegt zwar in der geografischen Mitte des Landes und hat Autobahnanschluss, einen Bahnhof und einen internationalen Flughafen. Doch seit 2002, als die letzten deutschen Charterflieger abhoben, um die Urlauber von der nahen Kataloginsel Cayo Coco nach Hause zu fliegen, huschen mehr Hasen übers Rollfeld als landende oder startende Flugzeuge. Seitdem ist Ciego de Ávila zurückgefallen in seinen Dornröschenschlaf. Die Kuba-Boomzeit, als alleine die Condor fünf verschiedene Flughäfen in Kuba ansteuerte, ist längst vorbei, und in Ciego de Ávila ist man wieder weitgehend unter sich.

Revolutionskultur

Der Eisverkäufer tröpfelt etwas quietschroten Sirup übers blanke Eis, und schon kann der Bummel losgehen. So sieht also eine typische kubanische Provinzstadt aus. Die Plaza umrahmen einige schöne Kolonialstilhäuser. Sie ist, besonders am Abend, das kulturelle Zentrum und der soziale Treffpunkt der Stadt. Tagsüber wird ein von einer Ziege gezogener Wagen zum Bio-Karussell für die Kinder, die Bäume spenden Schatten, und der Eisverkäufer sorgt für etwas Erfrischung. Es gibt mehr Fußgänger und Fahrradfahrer als Menschen mit motorisiertem Untersatz. Das Theater aus dem Jahr 1927 ist der große Stolz der Stadt. Nicht nur wegen des schmucken Kolonialgebäudes, in dem es untergebracht ist, sondern vor allem wegen des Repertoires: In Ciego de Ávila scheint der Spielplan noch hinter jedem Stück »Venceremos! Wir werden siegen!« auszurufen. Die örtlichen Kader können zufrieden sein. Auf dem Land funktioniert eben noch alles, was irgendwie revolutionär angehaucht ist.

Vor der Gründung der Stadt, um 1538 vom Konquistador Jácome de Ávila, lebten Indianer in der fruchtbaren Ebene. Heute sind die Leute Obstbauern – es gibt Ananas, Bananen und Orangen –, sie pflanzen Zuckerrohr an, betreiben Viehwirtschaft oder arbeiten im Forst und in der Holzverarbeitung. Städte wie Ciego de Ávila sind keine Magneten für Intellektuelle und Künstler. Obgleich es das Centro Raúl Martínez – Galeria de Arte Provincial gibt, wo Werke des Namensgebers und anderer Künstler der Region ausgestellt sind. Raúl Martínez ist ein in Ciego de Ávila geborener Pop-Art-Künstler. In den 1960er-Jahren verfremdete er in diesem Stil sogar die revolutionären Ikonen des Landes, Fidel Castro und Che Guevara.

Nationaldenkmal in tiefster Provinz

Ergänzt wird das kulturelle Leben durch das Museo Histórico Provincial, das sich vor allem der Geschichte des Unabhängigkeitskriegs gegen Spanien widmet. Denn in der Umgebung von Ciego de Ávila entstand ein befestigter Verteidigungswall der Spanier, um die Aufständischen aufzuhalten. Das 1869 errichtete Bollwerk gilt als eines der größten Militärbauwerke der spanischen Kolonie und ist heute eines der kubanischen Nationaldenkmäler. Ein paar der im Abstand von rund 1000 Metern aufgestellten Verteidigungstürme stehen noch heute.

Der freundliche Eisverkäufer hat inzwischen seinen Platz geräumt. Etwas Schmelzwasser von seinem Eisblock ist noch am Boden zu sehen. Ein Pärchen hat es sich daneben auf einer Parkbank gemütlich gemacht. Die Luft wird jetzt, gegen Abend, langsam lau. Familien palavern lauthals mit den Nachbarn, die auch zum Parque José Martí gekommen sind. Ein Tag in Ciego de Ávila neigt sich dem Ende entgegen. Ein Tag ohne besondere Vorkommnisse, ohne Höhen und Tiefen. Ein typischer Tag in einer kubanischen Provinzstadt, 426 Kilometer von Havanna entfernt.

EINE PFERDESTÄRKE AUF DER AUTOBAHN

Kubaner, die Freunde oder Verwandte in Florida haben, können sich ein Auto leisten, denn seit 1993 sind Zahlungen von den Exil-Kubanern an die Inselbewohner erlaubt, ja sogar erwünscht. Das Benzin liefert in ausreichenden Mengen die mexikanische Tankstellenkette Oro Negro. In Ciego de Ávila sind Autos aber die große Ausnahme. Fahrräder und Kutschen dominieren die Straßen. Jede Pferdekutsche ist ein Sammeltaxi. Der Kutscher hält sich an bestimmte Routen, wie sich bei uns die Busfahrer an ihre Strecken halten. Die Pferde trotten gemütlich dahin, machmal steigt einer während der Fahrt auf, doch üblich ist ein Stopp, wenn Fahrgäste zu- oder aussteigen. Etwas Spanisch ist zwar hilfreich, aber man kann auch einfach akustisch auf sich aufmerksam machen, wenn man sein Ziel erreicht hat. In Ciego de Ávila ist es sogar noch üblich, dass die Kutschen die breite Autobahn nach Havanna nutzen, auch wenn es nur ins nächste Dorf geht … Der Fahrpreis ist fast überall auf dem Land fix und nicht verhandelbar: ein Peso pro Fahrt.

WEITERE INFORMATIONEN ZU CIEGO DE ÁVILA

www.autenticacuba.com

Der Osten

Hier spielt die Musik

Kubas Osten ist heiß und tropisch (oben), heißer und tropischer als anderswo auf der Zuckerinsel, und die Musik ist die Seele der ganzen Region (unten), deren Zentrum Santiago de Cuba ist. Die Catedral de Nuestra Señora de la Asunción von Santiago (links).

Bunte Häuschen an der Plaza del Carmen (oben). In der Weltkulturerbe- und drittgrößten kubanischen Stadt gibt es den einen oder anderen Che (rechts).

35 Kaffee mit Kolonialflair – Camagüey

Das jüngste Welterbe

2008 verzeichnete Kuba seinen letzten Eintrag in die Weltkulturerbeliste der Menschheit. Camagüeys historischem Stadtkern wurde die Ehre zuteil. Er zeichnet sich durch eine beinahe mit einem Labyrinth vergleichbare Stadtplanung aus. So wollte man einst Angreifern ihr Vorhaben erschweren. Rund 10 000 Häuser mit historischem Wert wurden hier von Wissenschaftlern ermittelt. Und außerdem gibt es das Kaffeehaus von Mamá Inés.

Es war ja eigentlich nur ein Tipp: Einen super Batido, also einen frischen Fruchtshake, gebe es in Camagüey in der Bar und dem Kaffeehaus von Mamá Inés, zu finden in der Calle Agramonte, etwas außerhalb des Zentrums, aber zu Fuß sei es trotzdem kein Problem. Man will ja schließlich etwas sehen vom Weltkulturerbe Camagüey. Also zu Fuß … Doch wenn nach einer Weile zum dritten Mal die gleiche Kreuzung auftaucht, zweifelt man entweder an sich oder glaubt endlich der Beschreibung von Camagüey als einer Stadt, die wie ein Labyrinth angelegt ist. Die Besonderheit der heute 300 000 Einwohner zählenden Provinzhauptstadt ist tatsächlich ihre Anlage. Während das gut 300 Kilometer westlich gelegene Cienfuegos zu den weltweit sehr wenigen streng geometrisch konzipierten Städten gehört, stellt sich Camagüey auf den ersten Blick ohne jede Ordnung dar. Es gibt jede Menge Sackgassen, Gässchen mit Windungen oder auch 90-Grad-Knick, dann wieder mal Geraden, dreieckige Plätze, und schließlich – gibt man auf. Dann eben keinen Batido … Schade, aber was soll's.

Eine Stadt zieht um

Die Stadt hat aber noch eine zweite Besonderheit, die eng mit der ersten verbunden ist. Sie

Che Comandante Amigo...

CORREOS DE CUBA
Zona Postal 1

Skulptur und echter Zeitungsleser (oben) an der Plaza del Carmen. Symbol für Camagüey: die Tinajones (rechts oben). Auf der Plaza San Juan de Dios findet der Besucher nicht nur die Stadtkirche (rechts unten), sondern auch das Stadtmuseum. Es klärt über den labyrinthischen Stadtentwurf auf.

wurde im Lauf ihrer Geschichte so oft angegriffen, dass sie zweimal verlegt wurde. Und als weitere, erschwerende Maßnahme hat man dann das Straßennetz so konfus wie möglich angelegt, um die Plünderer, die es trotz Verlegung der Stadt immer noch probieren wollten, zu verwirren.

1514 gründete Diego Velázquez de Cuéllar an der Nordküste, in der Nähe des natürlichen Hafens Nuevitas, die Siedlung. Schon 14 Jahre später wurde sie das erste Mal ins Landesinnere verlegt, weil Piraten sie immer wieder heimsuchten. 1668 wurde sie sogar niedergebrannt. Der britische Freibeuter Henry Morgan war dafür verantwortlich. Er war übrigens einer der wenigen Piraten, der seine Beute nicht nur für Rum und Huren aufbrauchte, sondern sich im Lauf der Jahre ein beträchtliches Vermögen ansparte. Und so erfolgte der zweite Umzug an den heutigen, sehr zentral gelegenen Standort. Eine aristokratische spanische Oberschicht kam dort durch Zuckerrohranbau und Viehzucht zu Wohlstand, der sich bald in prächtigen Häusern manifestierte. Bis heute geht es den Menschen in Camagüey überdurchschnittlich gut. Die Wirtschaft, von der Landwirtschaftsproduktion bis zur staatlichen Eisenbahngesellschaft, macht es möglich. Camagüey hat eine große Tradition im Schienenverkehr. 1836 war die rund 75 Kilometer lange Strecke zwischen dem heutigen Camagüey und Nuevitas, als Pferdeeisenbahn betrieben, das erste große Schienenstück auf der Insel. Ihren jetzigen Namen – nach einem indianischen Führer – trägt die Stadt erst seit 1923. Einen weiteren Ort mit diesem Namen gibt es nirgendwo anders auf der Welt. Außerhalb von Kuba existiert nur noch eine Calle Camagüey in Mexiko-Stadt und eine Camagüey Avenue im texanischen Brownsville.

Großstadt mit Kolonialflair

Die drittgrößte Stadt auf Kuba – nach Havanna und Santiago de Cuba – ist die einzige größere Stadt der Insel, die nicht direkt am Meer liegt. An den Atlantik nach Norden wie zur Karibik nach Süden fährt man jeweils rund 75 Kilometer. Nach Havanna im Westen sind es gut 500, nach Santiago de Cuba im Osten etwa 350 Kilometer. Zentraler liegt keine Großstadt Kubas. Dabei hat Camagüey gar kein Großstadtflair, was jedoch an der labyrinthischen Bauweise liegen mag. »Camagüey, que linda« – »Camagüey, wie schön«, sagen zwar nicht nur die Einwohner, sondern auch die meisten der (allerdings wenigen) Besucher. Doch alles in allem wird Camagüey landläufig stark unterschätzt. Dabei ist die Altstadt immerhin die größte erhaltene nach der von Havanna, was neben der ungewöhnlichen Stadtplanung ein weiterer Grund für die UNESCO war, das Prädikat Weltkulturerbe der Menschheit zu vergeben. Wer noch etwas mehr über die Stadtentwicklung und -planung erfahren will, sucht am besten das Stadtmuseum an der Plaza San Juan de Dios auf.

Die Plaza ist gleichzeitig das absolute Highlight: Kaum ein Platz in Kuba hat seine kolo-

Kaffee mit Kolonialflair – Camagüey

niale Atmosphäre so gut konservieren können wie dieser. Die Häuser sind niedrig, farbig, haben die typischen Fenstergitter und umrahmen den Platz. Die Pflastersteine wurden wild durcheinandergelegt. Zum Hospital San Juan de Dios gehört eine kleine Kirche nebst Kirchturm. Und das Leben auf der Plaza ist wie Kino – mit täglichem Programmwechsel …

Den Mittelpunkt der Stadt macht aber die dreieckige Plaza de los Trabajadores aus, der Platz der Arbeiter. Das Teatro Guerrero, das Theater der Krieger, befindet sich dort und vor allem das Geburtshaus des Freiheitskämpfers Ignacio Agramonte. Der General und Jurist wirkte maßgeblich an der ersten Verfassung Kubas von 1873 mit. Das Haus trägt offiziell den Namen Museo Casa Natal Ignacio Agramonte und dokumentiert die Befreiungskriege. Es ist eines der bekanntesten und bedeutendsten Museen Kubas zu diesem Thema. Auch die Iglesia Nuestra Señora de la Merced liegt an der Plaza. Die Kirche glänzt mit einem versilberten Hochaltar. Überhaupt sind auffallend viele Kirchen in Camagüey zu finden, neben der Kathedrale Nuestra Señora de la Candelaria, die zwar erstmals 1530 errichtet wurde, aber mehrfach zerstört und wieder neu aufgebaut wurde, etwa auch die Iglesia de la Soledad. Die Kirche der Einsamkeit besticht durch ihre Malereien und Fresken. 1756 gebaut, ist sie das älteste noch erhaltene Gotteshaus in der sonst so atheistischen Stadt. Darin gleicht Camagüey aber jedem anderen Ort auf der Insel.

Kultur in Camagüey

Auch andere Sehenswürdigkeiten rechtfertigen einen Stopp. Etwa das Teatro Principal nördlich der Plaza de los Trabajadores, das sich durch seine Fassade und die bunten Bogenfenster auszeichnet. Auch ein zweites Geburtshaus soll erwähnt werden: die Casa Natal de Nicolás Guillén. Der 1902 Geborene gilt als Nationaldichter, weil er die kubanische Kultur als Kultur von Mulatten begriff und eine Verschmelzung spanischer sowie afrikanischer Elemente sah, die er in seinem Werk als etwas Einzigartiges zum Ausdruck brachte. Den Parque Agramonte, ehemals Exerzierplatz, beherrscht schließlich wieder der bekannteste Freiheitskämpfer der Stadt, Ignacio Agramonte, mit einer Reiterstatue.

Nach dem Sightseeing lässt das Kaffeehaus von Mamá Inés uns noch immer keine Ruhe. Schließlich findet das Taxi den Weg, und sein Fahrer erzählt, dass es gar keine Mamá Inés gebe, sondern der Name von einem Lied herrührt. Der Batido sei gut, der kubanische Kaffee aber noch besser. Doch am besten sei abends einfach die fantastische Stimmung. Der Mann sollte recht behalten.

FÜR IMMER IN CAMAGÜEY

Überall sind sie zu finden: auf einer Plaza, an einem Straßeneck, neben einer kräftigen Agave, unter einer Königspalme und ganz sicher in jedem zweiten Innenhof: Tinajones heißen die großen, bauchigen Tonkrüge, die einst zum Auffangen von Regenwasser dienten, da Camagüey immer unter großem Wassermangel litt.

Im Agramonte-Park befindet sich das Wahrzeichen von Camagüey, eine tinaja, die fast zwei Meter im Umfang misst. Die Faustregeln waren eindeutig: Je größer der Tonkrug, desto frischer blieb das Wasser. Und je mehr Tonkrüge eine Familie hatte, umso wohlhabender war sie. Insgesamt wurden vor wenigen Jahren noch 18 000 tinajones in Camagüey gezählt! Die meisten stammen aus dem 19. Jahrhundert, nur wenige aus jüngerer Zeit. Mittlerweile werden Tonkrüge aber auch wieder neu hergestellt. Und Touristen sollten sich die Legende vor Augen halten, wenn sie mal aus einer tinaja trinken: Ein Besucher, der aus einem der Tonkrüge Wasser zu sich nimmt, wird sich verlieben und für immer in Camagüey bleiben …

WEITERE INFORMATIONEN ZU CAMAGÜEY

www.autenticacuba.com

Der Osten

36 Ganz entspannt – Playa Santa Lucia

21 Kilometer Strand

Seit den 1990er-Jahren, als vermehrt Besucher auftauchten, hat sich Playa Santa Lucia langsam, aber stetig touristisch entwickelt. Auf der lang gezogenen Halbinsel, die eingeschlossen wird vom Atlantischen Ozean im Norden und der Laguna el Real im Süden, geht es noch lange nicht so professionell zu wie in Varadero. Der Santa-Lucia-Strand hat sich seinen angenehm entspannten Charme bewahrt.

Ein kubanischer Beachboy grinst und begrüßt seinen Freund von der La-Boca-Seite: »Hey Amigo! Wie lange warst du nicht mehr bei uns?« Ist die Halbinsel doch gerade mal 21 Kilometer lang, und bis Las Brisas sind es sogar ein paar Kilometer weniger. »Na dann, bis nächstes Jahr!« Beide lachen und gehen ihrer Wege. Sie kennen sich aus ihrem Heimatdorf aus der Umgebung von Santiago de Cuba, sagt der Beachboy später. Aber auch sonst kennt man sich an der Playa Santa Lucia. Jeder weiß, wer wo hingehört. Jeder weiß also, wer wo arbeitet, denn Santa Lucia ist ein Refugium europäischer Touristen.

Relaxter Ferienort mit strengen Regeln

Kubaner wohnen in Santa Lucia nicht, Kubaner sind hier Beachboys oder Porter, Zimmermädchen oder Kellnerin. Nur wenige Kubaner kommen zu Besuch, wie die zwei hübschen Teenager-Mädchen, die am Strand posieren und sich bereitwillig fotografieren lassen. Vielleicht fällt ja als Dankeschön dafür ein Stück der begehrten parfümierten Hotelseife ab oder aber ein Fläschchen Shampoo …

Das klingt vielleicht wie ein Vergleich zu Varadero (siehe Highlight 18) – so ist es nicht. Die Anzahl der Hotels liegt unter zehn, und lange Strandabschnitte sind noch gänzlich unbe-

Der 21 Kilometer lange Strand bietet noch weitgehend unverfälschte Atmosphäre ohne große Hotelburgen (unten). Nach dem Ausflug vielleicht Languste und Bananenchips am Strand (rechts oben)? Ein Hai wartet auf die tägliche Fütterung (rechts unten).

Ganz entspannt – Playa Santa Lucia

rührt, wie etwa an der Playa Serena. Pauschalangebote sind in der Regel bei vergleichbarem Standard günstiger, und Santa Lucia ist auch viel ungezwungener, lockerer, stressfreier, doch manchmal auch noch etwas strenger als anderswo: In dem ein oder anderen Hotel an der Playa Santa Lucia müssen manchmal noch 15 Euro für den Safeschlüssel und das Strandhandtuch hinterlegt werden. Das Geld wird zwar am Ende des Aufenthalts zurückbezahlt – sofern man Schlüssel und Handtuch wieder abgibt –, da aber lediglich bare Euro akzeptiert werden, leuchtet schnell der Grund für diese Pfandregel ein: Die 15 Euro pro Kopf »arbeiten« praktisch als zinsloses Darlehen – wenn auch nur für zwei Wochen. Aber dann tritt Regel zwei in Kraft: Kleinvieh macht auch Mist … Wo sich gut 2000 Kilometer weiter südöstlich bei der Namensschwester Saint Lucia der schönste Bergbusen der Karibik in die Höhe reckt, aber unterhalb dieser Pitons kaum ein Traumstrand befindet, da gibt sich Playa Santa Lucia auf Kuba flachbrüstig wie ein junges Mädchen, aber dafür gesegnet mit 21 Kilometern Strand, feinem weißen Sand, Palmen dahinter und verführerisch blauem Meerwasser davor. Er ist damit einer der längsten Strände auf Kuba. Über die Halbinsel führt nur eine einzige Straße, von der aber mehrere Stichstraßen zum Atlantik und auch ein Weg in Richtung Lagune und Vial Sur auf dem Festland abzweigen.

Strandleben und Rodeos

Ein Großteil der Touristen kommt zum Tauchen, der Rest genießt das süße Leben zwischen Meer und Liegestuhl sowie zwischen Bar und Buffet. Wem das nicht reicht, der kann auch mal mit dem Boot auf die Cayo Sabinal übersetzen. Sie liegt nur neun Kilometer westlich von der Hotelzone der Halbinsel entfernt, ist von Flamingos bewohnt und hat Ruinen von der ehemaligen Festung sowie den Leuchtturm der Insel aus dem 19. Jahrhundert zu bieten. Und wer Abwechslung sucht, macht sich auf zum Festland und findet rund 25 Kilometer südwestlich die Farm Rancho King, auf der es echte Cowboys gibt, die ihre Rinderherden zusammenhalten und auch ein kubanisches Rodeo veranstalten, wie man es nur in dieser Gegend findet, natürlich auch mit ordentlichem Grillgut und Bier zum Finish.
Auf der Weiterfahrt zum nächsten Topstrand, dem von Guardalavaca (siehe Highlight 39), kann man entweder mühsam übers Land in Küstennähe tingeln. Oder man fährt über Las Tunas und Holguín (siehe Highlight 50). In Las Tunas lohnt sich ein Stopp für den Boulevard der Skulpturen im Zentrum der Provinzhauptstadt.

HAI-LIFE

Der Riesengrouper stößt den jungen Bullenhai beiseite. Der Stingray schwebt als fliegender Teppich über allen hinweg. Schwärme von Fischen in verschiedenen Farben kolorieren das Blau. Der Red Soldierfish sowie die gelb-schwarzen Sergeant Major klingen zwar namentlich wie Vorgesetzte, aber den Fischverkehr im Canal de la Boca regeln sie auch nicht. Es geht drunter und drüber. Eine Tauchergruppe ist mittendrin und lässt sich treiben.
Der Boca-Kanal zwischen der Insel Sabinal und der Halbinsel Playa Santa Lucia ist nur eine von rund 35 Tauchstellen. Dort kann auch bei schlechtem Wetter getaucht werden, etwa wenn die Überfahrt zum nur zwei Kilometer vorgelagerten Korallenriff nicht möglich sein sollte. An einigen Stellen sind auch Wracks aus dem 19. Jahrhundert zu sehen. Zu den Höhepunkten gehört sicherlich die Fütterung der dort bis zu vier Meter großen Bullenhaie.
Die Tauchschulen haben internationalen Standard. Tauchgänge kosten um 20, nachts 30, mit Haifütterung 40 Euro.

WEITERE INFORMATIONEN ZUR PLAYA SANTA LUCIA

www.cuba-diving.de
www.aventoura-cuba.com

Das Monument, das an die Landung von Christoph Kolumbus in der Bahía de Bariay erinnert. Am 28. Oktober 1492 betrat er erstmals kubanischen Boden.

37 Entdeckungsreise – Bahía de Bariay

Landung von Kolumbus

Urlaub ist zum Erholen da, und die Hotels bei Guardalavaca sind wunderschön. Aber mindestens einmal sollte man das Resort verlassen, denn an der Bahía de Bariay wurde Geschichte geschrieben: Dort hat Christoph Kolumbus zum ersten Mal kubanische Erde betreten.

Die Ehre, die Gebeine von Christoph Kolumbus begraben zu haben, nimmt zwar Santo Domingo in der Dominikanischen Republik für sich in Anspruch – übrigens im dauerhaften Streit mit Sevilla in Spanien –, aber auf der Nachbarinsel Kuba war Kolumbus immerhin mehr als einen Monat früher gelandet. Am 28. Oktober 1492 kam der legendäre Seefahrer in der Bahía de Bariay an der Nordostküste von Kuba an. Überliefert ist der Ausspruch bei seiner Landung: »Das ist das schönste Land, das menschliche Augen je gesehen haben.« Schön ist die tief eingeschnittene Bucht auch heute noch: Palmen wiegen sich an den naturbelassenen Stränden im Wind, davor lockt das glasklare, türkisfarbene und von Korallen geschützte Meer. Doch trotz der Nähe zu den All-inclusive-Hotels in Guardalavaca kommen an die Bahía de Bariay nur wenige Urlauber.

Als Lohn für die kurze, aber wegen der Schlaglöcher in den Straßen beschwerliche Anreise dürfen sich die Touristen auf eine traumhafte geschützte Bucht und zwei Denkmäler freuen, die an die Landung erinnern. Da niemand nachvollziehen kann, wo genau Kolumbus seinen Fuß auf kubanischen Boden setzte, gibt es gleich zwei davon. Der unscheinbare ältere Gedenkstein liegt bei Punta del Gato. Dort erinnert außerdem ein nachgebautes Dorf an die damalige Lebensweise der Taino-Indianer. Das größere Monument, von Caridad Ramos geschaffen, steht bei Punta Blanca an der östlichen Seite der Bucht und wurde zum 500. Jahrestag der Landung eingeweiht. Das Thema »Europa erobert Amerika« hat die aus Holguín (siehe Highlight 50) stammende Künstlerin mit griechischen Säulen dargestellt, die in indianische Götterstatuen eindringen.

38 Im Naturzoo – Cayo Saetía

Von Antilopen und Zebras

Vor der Nordküste Kubas liegt Cayo Saetía. Vor mehr als 20 Jahren wurden auf der Insel afrikanische Tiere ausgesetzt, die sich prächtig vermehrten. Cayo Saetía bietet sich als Tagesausflug mit Bus oder sogar Helikopter an. In einem kleinen Hotel kann man auch übernachten.

Anleger am Beach-Restaurant des Hotels »Villa Cayo Saetía«: Über Nacht bleiben lohnt sich auf dieser Insel, die zur Überraschung aller Gäste von Antilopen und Zebras sowie von Büffeln und Straußen bewohnt ist. Ein reicher Kubaner ließ sie dort vor 20 Jahren aussetzen.

Einen Ausflug nach Afrika hatte man dem Urlauber versprochen, als er in seinem Hotel in Guardalavaca (siehe Highlight 39) einen Tagesausflug nach Cayo Saetía buchte. Kurz ist die Fahrt über einen Damm zur Insel, dann müssen alle in dunkelgrüne Geländewagen umsteigen, die bald darauf über Pisten rumpeln. Zu sehen ist nichts, nur dichter Wald, der aber bald einer Grasebene mit Büschen und einzelnen Bäumen Platz macht. Doch dann, der Urlauber reibt sich verwundert die Augen und denkt an eine Fata Morgana: »Sind das wirklich Zebras? Und woher kommen die Antilopen?«, fragt er den Guide. Und Juan erklärt: »Vor mehr als 20 Jahren hat sie ein reicher Kubaner auf der Insel ausgesetzt.« Und noch etwas hat der Feriengast gelernt: Reiche Kubaner gibt's offensichtlich auch im Castro-Kuba … Seitdem leben Antilopen und Zebras in Eintracht mit Büffeln, Straußen, Krokodilen und Leguanen auf der 42 Quadratkilometer großen Insel. Der Kubaner hatte sie als Jagdbeute ausgesetzt. Und der Staat gibt von Zeit zu Zeit auch eine Jagderlaubnis. Alle Tiere sind gut genährt, viel besser als ihre Artgenossen in den Zoos von Havanna und Santiago (siehe Highlight 45) oder die wenigen kubanischen Kühe. Antilopen und Büffel vermehren sich sogar so gehörig, dass sie deshalb manchmal auf den Tellern des Hotels »Villa Cayo Saetía« landen … Tagesausflügler können außerdem schnorcheln oder auf rassigen Pferden am feinen Sandstrand reiten. Dann geht es wieder zurück aufs Festland.

TIPP: Die »Villa Cayo Saetía« mit zwölf Zimmern steht ein paar Hundert Meter landeinwärts: www.aventoura.de.

Der Osten

39 Perfektes Blau – Guardalavaca

Pass auf die Beute auf!

Guardalavaca ist das größte Badezentrum im Osten Kubas. Die Strände sind bis zu 50 Meter breit und bis zu eineinhalb Kilometer lang. Das Wasser schimmert hell- bis tintenblau, je nach Tiefe, die Palmen wiegen sich im Wind. So klischeehaft sieht es in Guardalavaca aus. Und wenn man da ist, träumt man weiter: Gibt's das eigentlich? Wer kneift mich? Damit ich weiß, dass alles wahr ist ...

Wörtlich übersetzt bedeutet Guarda la Vaca nichts anderes als »Pass auf die Kuh auf«. Allerdings gibt's in dieser hübschen Küstenregion zwischen Gibara und dem Cabo Lucrecia kaum Kühe. Die Cow- und Cowboy-Zone, der wilde Westen Kubas, liegt gute 200 Kilometer weiter westlich zwischen Las Tunas und Camagüey (siehe Highlight 35). Wer aber die tiefere Bedeutung des Namens entschlüsseln möchte, muss Einblick in den Slang der Piraten im 16. und 17. Jahrhundert haben. Vaca soll bei ihnen nicht nur Kuh, sondern auch Beute geheißen haben, sodass Guarda la Vaca demnach »Pass auf die Beute auf« bedeutet haben muss. Tatsächlich hatten die Freibeuter in dieser Region einen erheblichen Teil ihrer erkämpften Schätze zumindest zwischengelagert. Es gibt jedoch noch eine andere Legende. Sie besagt, dass die Bewohner der Region immer dann »Guarda la Vaca!« gerufen haben, wenn sie am Horizont die Flaggen der Piratenschiffe sahen. Dann war »Hüt' die Kuh« nicht nur ein gut gemeinter, sondern vor allem ein existenzieller Rat ...
Vier Jahrhunderte später kommen keine Piraten, sondern Touristen in den Badeort Guardalavaca, der zur Provinz Holguín gehört und stolze 800 Kilometer von der Hauptstadt Havanna entfernt liegt. »La Vaca« – im Sinne der

Das Meerwasser schimmert in verschiedenen Blautönen, der Sand ist pudrig-weiß (unten). Sport und Vergnügen, zum Beispiel mit einem Hobie Cat (rechts).

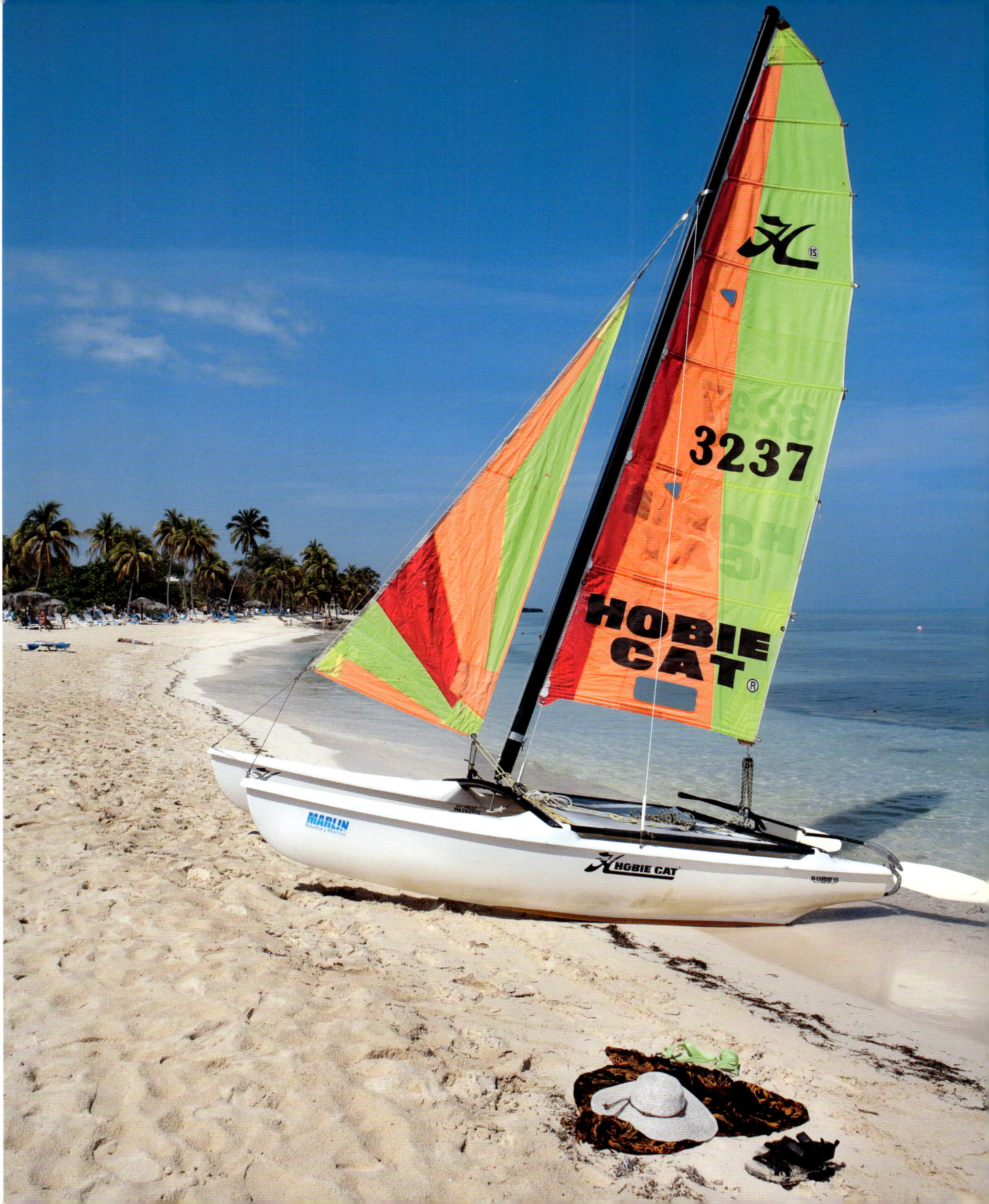
3237
HOBIE CAT
MARLIN
HOBIE CAT

Der Osten

Alles was man fürs Strandleben braucht: ein bisschen Shopping, wie hier ein originelles Ledertaschengeschäft (oben), vielErholung, etwa an einer Swim-up-Bar im Hotelpool (unten). Mit dem Tauchboot geht's von Guardalavaca in tiefe Gewässer (rechts oben). Massageraum zum Träumen (rechts unten).

Piraten – sind heutzutage harte Devisen, die nicht erbeutet, sondern getauscht werden mit den Annehmlichkeiten eines internationalen Touristikangebots: schöne Zimmer mit allem Komfort und üppige Buffets.

Karibische Traumstrände

Die wichtigste Gegenleistung für »La Vaca« sind aber mit Guardalavaca, Playa Esmeralda und Playa Pesquero drei der schönsten Strände Kubas, wenn nicht sogar drei der hübschesten Playas in der Karibik. Diese wunderbaren, feinsandigen Strände sind sanft abfallend und somit auch als familientauglich zu bewerten, bis zu 50 Meter breit und jeweils mehr als einen Kilometer lang. Sogar das Hinterland von Guardalavaca kann sich sehen lassen: mit reichlich grüner Vegetation sowie hübschen Lagunen. Und für die Historiker unter den Baderatten sei darauf hingewiesen, dass ganz in der Nähe, in der Bucht von Bariay (siehe Highlight 37), Christoph Kolumbus im Jahr 1492 auf Kuba gelandet ist.

Guardalavaca ist seit Mitte der 1980er-Jahre eine aufstrebende touristische Region ohne eigentlichen Ortskern und hat sich mittlerweile hinter Havanna und Varadero (siehe Highlight 18) zum drittwichtigsten Urlaubszentrum Kubas gemausert. Entlang einer mehr als 40 Kilometer langen, geradezu plakativ schönen Küste findet man insgesamt mehr als 40 Strände, unter denen eben Guardalavaca, Playa Esmeralda und Playa Pesquero als die drei besten gelten, zudem eine Reihe von Drei-, Vier- und Fünf-Sterne-Hotels, häufig mit All-inclusive-Angebot.

Nur etwa 75 Kilometer von Holguín (siehe Highlight 50) und damit vom nächsten internationalen Flughafen entfernt suchen die Urlauber nichts anderes als Erholung, garniert mit etwas sportlicher Aktivität. An den Stränden wird relaxt, karibische Farbe aufgelegt, am Cocktail genuckelt und geschwommen. Aber auch die Schnorchler und Taucher kommen auf ihre Kosten: Hervorragende Unterwasserregionen liegen praktisch vor den Hoteltüren. Auch das Wassersportangebot über dem Meeresspiegel ist gut, ob man nun einen Katamaran segeln und Wind und Wellen lauschen oder mit dem Jetski Lärm machen will.

Trotz seiner inzwischen auch bekannten Schönheit ist es in Guardalavaca weitgehend ruhig und idyllisch geblieben. Wer Ballermann-Atmosphäre sucht, ist hier fehl am Platz und sollte, wenn die Ferien unbedingt auf Kuba verbracht werden sollen, besser auf Varadero umbuchen. Dieser Strand ist optimal für Leute, die keinen großen Rummel und kein breites Kultur- oder Unterhaltungsangebot brauchen. Die zuweilen lästige Zwangsbeglückung, gern auch Animation genannt, hat zwar inzwischen auch in den meisten Hotels von Guardalavaca Einzug gehalten, aber alternativ gibt's als Abendunterhaltung auch immer noch einfach Auftritte von lokalen Bands, die Salsa, Son oder auch nostalgische kubanische Musik im Stil oder Coverstücke von Buena Vista Social Club spielen. Die Gruppe der damals um die 80 Jahre alten kubanischen Musiker wurde durch den gleichnamigen Film 1997 zu Weltstars, was besonders für den Kopf der Band galt, Ibrahim Ferrer.

Friedhof der Taíno-Indianer

Schon weit vor den Touristen und auch lange Zeit vor den Spaniern und Piraten war die Gegend um Guardalavaca von den Taíno-Indianern besiedelt. Die Taíno waren seit 700 v. Chr. fast überall auf den Großen Antillen – also zwischen den heutigen Inselstaaten Kuba und Puerto Rico – zu Hause. Auf Kuba wurden sie jedoch innerhalb nur weniger Jahrzehnte nach Ankunft der Spanier durch Sklaverei und durch eingeschleppte Krankheiten ausgerottet.
Im Ort Chorro de Maíta, an der Straße nach Banes (siehe Highlight 40), entdeckte man den größten Friedhof der Ureinwohner in der gesamten Karibik. Insgesamt 108 Skelette fanden die Archäologen hier. Und Wissenschaftler konnten nachweisen, dass alle eines natürlichen Todes gestorben sind. Anhand der Grabbeigaben – so wurden den Verstorbenen Gold oder Kupfer, aber auch Muscheln und Korallen ins Jenseits mitgegeben – und der verschiedenen Stellungen der Toten ermittelten sie, dass es unterschiedliche Rituale und einhergehend damit auch unterschiedliche Gesellschaftsschichten gegeben haben muss. Die wertvollste Grabbeigabe ist eine goldene Frauenstatue, vermutlich ein Fetisch, die im Museo Arqueológico Indocubano in Banes (siehe Highlight 40) zu bewundern ist. Der Friedhof ist seit 1990 ein Museum. 1998 eröffnete man in der Nähe die Nachbildung eines Taíno-Dorfs, wo das Leben der Indianer illustriert wird. Man erkennt dort unzweifelhaft die flache Stirn als Schönheitsideal der Urindianer. Und man lernt, dass Gebiete mit natürlichen Kakteenzäunen abgeteilt wurden.

Touren übers Land

Auch ein zweiter Ausflug von Guardalavaca führt in die Vergangenheit. Der Hafen von Gibara, etwa 30 Kilometer in westlicher Richtung, war während der frühen Zeit der Kolonisation der wichtigste Hafen im Nordosten von Kuba.
Bis heute kann man das an der eindrucksvollen Architektur ablesen. Nur für den Fall, dass es im Liegestuhl einmal langweilig wird …
Bei Fahrten aufs Land ist es übrigens nie schlecht, ein paar Kleinigkeiten mit sich zu führen. Denn kleine Geschenke sind bei den äußerst bescheiden lebenden und ausgesprochen gastfreundlichen Kubanern immer sehr willkommen. Das kann ein zu klein gewordenes T-Shirt sein, eine alte Jeans, ein gebrauchtes, aber noch funktionierendes Handy, eine Baseballkappe oder auch Seife oder ein Shampoo-Fläschchen aus dem Hotel.

MASSAGE WIE IM FLUG

Wie oft wurde – und wird noch immer – mit dem nicht geschützten und spezifizierten Begriff Spa Etikettenschwindel betrieben? Da baut einer eine Sauna in den Keller – und schon wird das Etikett »& Spa« hinter den Hotelnamen gedruckt. Ein Hotel am Strand gibt die Empfehlung heraus, barfuß im Sand spazieren zu gehen und mausert sich dadurch zum Wellness-Resort. Auch Kubas Spas haben noch längst nicht internationalen Top-Standard erreicht, aber dennoch vereinzelt Fortschritte gemacht. Das Fünf-Sterne-Hotel »Paradisus Rio de Oro Resort & Spa« am Ende der Playa Esmeralda bietet zum Beispiel neben Sauna und Dampfbad auch Jacuzzis und Massageräume mit Blick aufs Meer. Der schönste dieser Behandlungsräume ist eine einfache Holzhütte, die von der Küste wie frei schwebend über dem hellblau schimmernden Meer hinausragt. Egal, wer einen dort massiert, es ist eine Massage, als würde man schweben …
Das Resort ist all-inclusive – und der Aufenthalt sollte unbedingt vorgebucht werden.

WEITERE INFORMATIONEN ZU GUARDALAVACA

»Paradisus Rio de Oro Resort & Spa«:
www.solmeliacuba.com

Cowboys »made in Cuba« (oben). Die Kirche, in der Fidel Castro heiratete: Iglesia de Nuestra Señora de la Caridad (unten). Die Ehe mit Birta, einer Tochter aus gutem Hause, hielt allerdings nur sechs Jahre. Danach soll Castro viele Frauen gehabt haben. Es muy macho, sagen die Kubaner: Er ist ein großer Macho … Indianer-Kunst (rechts oben).

40 Indianer und Diktatoren – Banes

Castros Hochzeit

Seit mehr als 6000 Jahren ist die Gegend um Banes in der Provinz Holguín besiedelt. Davon erzählen gut 100 Ausgrabungsstätten, die zahllose Funde indianischer Kulturen zutage brachten. Aber Banes ist auch ein Inbegriff für den Geburtsort von Diktator Fulgencio Batista, die erste Eheschließung seines Gegenspielers Fidel Castro und die letzte Ruhestätte für den kubanischen Dissidenten Orlando Zapata.

Es gibt noch eine Schwarz-Weiß-Aufnahme, die Pedro hervorkramt. Sie zeigt ein junges Paar, das strahlend in die Kamera lächelt. Dieses Bild ist etwas Besonderes, denn es stammt aus der Zeit um das Jahr 1948. 1948 wurde hier eine Ehe geschlossen, die nicht lange hielt. Bereits 1954 trennte sich das Paar wieder. Die knorrigen alten Finger streichen zitternd über das vergilbte Blatt, und die Stimme krächzt ein wenig, wenn Pedro erzählt, wie bedeutend dieser 12. Oktober 1948 für den Ort Banes war. Schließlich schritt an diesem Hochzeitstag mit Fidel Castro ein Mann vor den Traualtar, der knapp zehn Jahre später ein neues Kapitel der Geschichte Kubas aufschlagen sollte. Seine Angetraute, Birta Díaz Balart, stammte aus der kubanischen Oberschicht. Ihre Familie hatte Einfluss in der Diktatur von Fulgencio Batista, der im Januar 1901 in dieser beschaulichen Stadt mit seinen bunten Häusern geboren wurde. Vier Jahre lang regierte er als gewählter Staatspräsident, dann, von 1952 bis 1958, als Diktator. Der Einfluss von Birtas Familie war nicht einmal gering: Ihr Vater war der Bürgermeister von Banes …

Erinnerung an Castro und Zapata

Pedro blickt über den Parqe Martí, an dem die Kirche steht, in der die Hochzeit stattfand, die Iglesia de Nuestra Señora de la Caridad:

Indianer und Diktatoren – Banes

»Batista soll damals 500 US-Dollar für die Hochzeitsreise nach New York gegeben haben – sagen die Leute …« Dann erzählt Pedro von Birán, etwa 80 Kilometer von Banes entfernt. In diesem Ort, auf der Finca Manacas, wurden Fidel und sein Bruder Raúl Castro geboren. Inzwischen kann man das Anwesen besichtigen und das Wohnhaus betreten, in dem sich Fidel Castro nach seinem Studium aufhielt. Das Museum Sitio Histórico de Birán zeigt Fotos, Möbel und Kleidung aus Castros Leben.

Orlando Zapatas Leben ist dagegen weit weniger bekannt. Pedro schweigt zu diesem Thema, denn es ist ein gefährliches: Zapata starb 2010 nach einem 85-tägigen Hungerstreik im Gefängnis. Der 42-jährige Dissident hatte damit die Haftbedingungen politischer Gefangener in Kuba angeprangert. Am ersten Todestag, am 23. Februar 2011, nahm die kubanische Polizei an die 50 Personen aus der Opposition in Gewahrsam, um Gedenkveranstaltungen für Zapata zu verhindern. Orlando Zapata liegt in Banes begraben. Und Pedro war ein Freund von ihm …

Geheimnisvolle Indianerkunst

Die Gegend zwischen Banes und dem Küstenort Guardalavaca (siehe Highlight 39) ist schon seit Urzeiten besiedelt. In erster Linie waren es Maniabón-Indianer, die von den spanischen Eroberern entdeckt wurden. Sie lebten schon seit mehr als 6000 Jahren in dieser Gegend, wie man anhand von Ausgrabungen und Funden rekonstruieren konnte. Von dieser indianischen Geschichte erzählen das archäologische Museum, aber auch der größte Indianerfriedhof in der Karibik. Über Banes, mit heute rund 90 000 Einwohnern, schrieb Christoph Kolumbus einst in sein Bordlogbuch, dass die Häuser aus Palmzweigen errichtet und die Menschen wohl große Künstler seien, angesichts der zahlreichen fein gearbeiteten Tonfiguren. Er fand realistische Frauenfiguren aus Ton vor sowie kultische Masken, die offensichtlich zur Götterverehrung gedacht waren. Bis heute sind Archäologen damit beschäftigt, so manche Rätsel dieser Tonarbeiten zu entschlüsseln.

Auch wirtschaftlich hat sich Banes mit seiner fruchtbaren Umgebung einen Namen gemacht. Anfang des 20. Jahrhunderts ließ die US-amerikanische United Fruit Company hier riesige Zuckerrohrplantagen anlegen. Felder, Zuckerrohrmühlen und Vertrieb: Alles war in US-amerikanischer Hand. Es war die Zeit des Zuckerbooms, genannt auch der Tanz der Millionen …

DAS LOCH IM SCHÄDEL

Zwischen Banes und Guardalavaca gibt es mehr als 100 Ausgrabungsstätten, die der indianischen Vergangenheit Kubas auf der Spur sind. Das Museo Arqueológico Indocubano in Banes gewährt mit seinen ausgewählten Fundstücken einen umfassenden Einblick in die Geschichte der kubanischen Ureinwohner. Zu den gut 1000 Exponaten des Museums, die gezeigt werden – tatsächlich ist das nur ein Bruchteil aller Fundstücke –, zählen Steinwerkzeuge, Keramiken, Schmuckstücke und auch Musikinstrumente aus Muscheln. Ein goldener Fetisch ist eine der Hauptattraktionen des Museums, denn er ist der erste seiner Art, den man in dieser Gegend gefunden hat. Dem Besucher, der durch das Museum spaziert, eröffnet sich eine hoch entwickelte indianische Kultur, der die spanischen Eroberer und ihre Nachfahren ein jähes Ende setzten – zu sehen auch an einem indianischen Schädel, der ein kreisrundes Loch hat, zugefügt durch eine spanische Kugel.

WEITERE INFORMATIONEN ZU BANES

Museo Arqueológico Indocubano: Calle General Marrero, tägl. geöffnet

Der Osten

41 Ganz im Osten – Baracoa

Das Ende Kubas

Zwar nicht das Ende der Welt, aber das Ende Kubas ist Baracoa am östlichsten Zipfel des Landes. Von Kolumbus 1492 entdeckt, von Velázquez als erste Stadt des Landes gegründet und kurz zur Hauptstadt ernannt, schlummerte Baracoa in der Folge vor sich hin, bis Fidel Castro kam und der Stadt gab, worauf sie lange gewartet hatte: eine Straße, damit man hinkommt.

»Wir bauen eine Straße nach Baracoa« – so lautete immer wieder der Wahlslogan, doch erst Fidel Castro löste das Versprechen in den 1960er-Jahren ein. Immergrüner Regenwald und ein unwegsames Gebirge (unten links) machten das Unterfangen so schwierig. Schöner Blick auf Baracoa vom Hotel »El Castillo« (rechts). Das Restaurant »Palador El Colonial« (unten rechts).

Schon jedes Kind auf Kuba kennt Baracoa. Nein, nicht unbedingt die Stadt, aber die gleichnamige Schokolade, die aus den Kakaobohnen von Baracoa gemacht wird. Vom Geschmack her ähnelt sie dunkler Schokolade. Sie ist nur wenig süß, was geradezu erstaunlich ist in einem Land, in dem selbst Kaffee – wir Deutschen würden Espresso dazu sagen – mit einem gefühlten Kilo Zucker getrunken wird. Die Stadt Baracoa kennen wenige Kubaner und noch weniger Touristen persönlich. Denn vor der Ankunft in Baracoa hat der Herrgott die Anreise gesetzt – und die nur beschwerlich zu nennen, wäre mehr als untertrieben. 1080 Kilometer ist das Provinznest von der Hauptstadt Havanna entfernt. Und lange Zeit konnte man es nur erreichen wie einst der Erstbesucher Christoph Kolumbus im Jahr 1492: Er kam per Schiff übers Meer in die fast am äußersten Zipfel der kubanischen Nordostküste gelegene Bucht, die später Baracoa genannt wurde. Er weilte dort etwa eine Woche und ließ ein Holzkreuz aufstellen, das er aus Europa mitgebracht hatte.

Auch Zweitbesucher Diego Velázquez de Cuéllar, der uns schon häufiger begegnete, wählte den Seeweg und gründete mit Nuestra Senora de la Asunción de Baracoa die erste Stadt auf kubanischem Boden. Diego Velázquez machte den Flecken sogar zur Hauptstadt, bevor er diese Ehre 1515 an Santiago de Cuba weitergab. Durch die Lage ist der Ort von Feinden zwar fast uneinnehmbar, denn auf der einen Seite wird sie vom Meer, auf der anderen von einem schier unüberwindbaren Gebirge umschlossen. Doch schien der Weiler auf Dauer zu abgelegen für eine Hauptstadt zu sein.

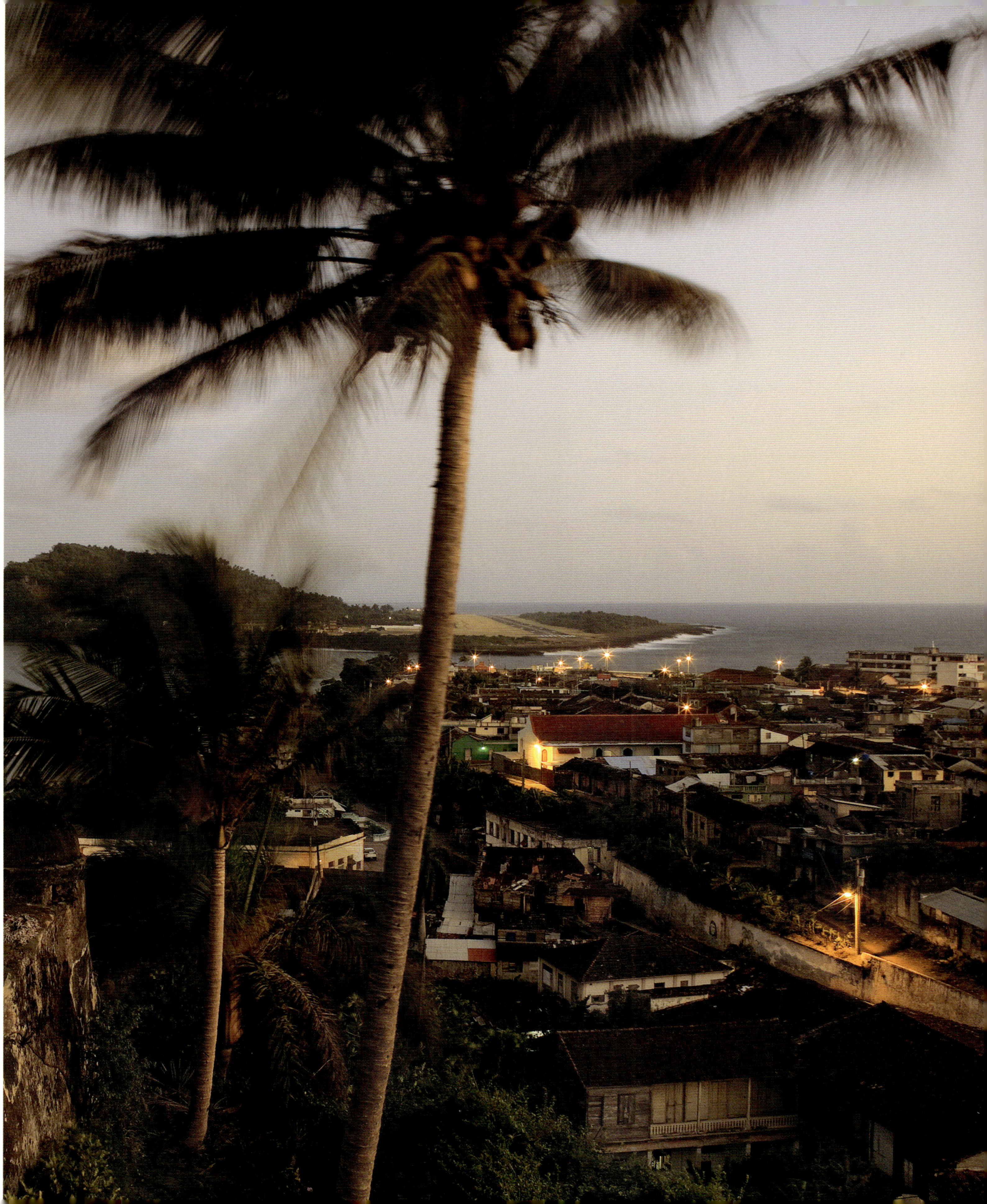

Der Osten

Der etwas andere Wäscheständer: Agaven helfen beim Trocknen (oben). Und das etwas andere Tanzen, ob Alt oder Jung, ob in der Disco oder auf der Straße (unten). Die Bucht von Baracoa (rechts oben) und Fahrradfahrer in der Stadt (rechts unten).

Die Straße nach Baracoa

Der, der dieses Gebirge dann mit einer Straße für die Allgemeinheit erschloss, war mal wieder kein Geringerer als Fidel Castro rund fünf Jahrhunderte später. Immer wieder waren bei den Wahlen zum Regierungschef die Bewerber mit der Ankündigung »Wir bauen eine Straße nach Baracoa« um Stimmen hausieren gegangen. Und immer wieder stellte sich dieses Versprechen nach der Wahl als heiße Luft heraus. Dann kam Castro 1959 an die Macht, und schon in den 1960er-Jahren wurden die Straße nach Baracoa eröffnet.

Trotzdem braucht man bis heute immer noch mindestens fünf Stunden für die genau 286 Kilometer von Santiago de Cuba bis Baracoa. Die kurvenreiche Straße schlängelt sich durch dichten, immergrünen Regenwald und ist teilweise mit Alpenpässen vergleichbar. La Farola, der Leuchtturm, wird die Piste genannt, die sich vorbei an Bananenstauden und Orangenbäumchen bis zum Pass Alto del Coltillo hinaufschraubt. Genau 261 Serpentinen sind es bis zum Pass – und von oben hat man bei guter Wetterlage eine fantastische Sicht bis zum Meer.

Am Wegesrand stehen immer wieder Bauern und bieten gegen kubanische Pesos ihre Waren an: Guaven, Mangos, Orangen und verschiedene Bananensorten. Aus einer Thermoskanne wird Kaffee in kleine vergilbte Espressotassen eingeschenkt, die aus Zeiten von vor der Revolution stammen. Angereichert haben die Mini-Privatunternehmer ihre kleinen, mittlerweile erlaubten Geschäfte auch mit selbst gebackenem Mürbegebäck, das den Vergleich mit Danish Cookies nicht zu scheuen braucht.

Nach dem Pass geht es dann nur noch bergab, doch bis man Baracoa erreicht, dauert es noch ein Weilchen. Dann schiebt sich zunächst das Wahrzeichen der Stadt ins Blickfeld, der Tafelberg El Yunque, der Amboss, der den Seefahrern früher als Erkennungszeichen diente. Rund 600 Meter ist das Plateau des Tafelberges hoch, auf das unerschrockene Urlauber auch klettern können.

Prominente Gäste

Fidel Castro fuhr die Strecke nach Baracoa häufig. Ziel war – neben Gesprächen mit seinen örtlichen Statthaltern – auch ein Hotel an der Uferstraße Malecón. Um »La Rusa«, die Russin, ranken sich viele Geschichten. Fest steht, dass die Künstlerin Magdalena irgendwann vor der Castro-Revolution nach

Baracoa kam und dort ein Hotel eröffnete, dass sich bald zum Treffpunkt der Szene entwickelte. Neben Castro waren auch Che Guevara sowie die Schauspieler Errol Flynn und Alain Delon dort zu Gast. Alejo Carpentier machte die Dame sogar zur Hauptperson seines Romans La Consagración de la Primavera. Magdalena lebt zwar nicht mehr, aber ihr Sohn führt das legendäre Hotel »La Rusa« mit viel Gefühl weiter. Mittlerweile gehört es zu den »Hoteles E«, womit der kubanische Staat Boutique-Hotels mit besonderem Charme kennzeichnet.

Vom »La Rusa« ist es nur ein Katzensprung bis zur Lebensader der kleinen, an die 50 000 Einwohner zählenden Stadt, der dreieckigen, baumbestanden Plaza de la Independencia. Ein Denkmal erinnert an Hatuey, den berühmten Indianerhäuptling und Aufständischen, der mit seinem Volk einst von den Kuba erobernden Spaniern umgebracht wurde. Gleich hinter dem Denkmal steht die Stadtkirche Iglesia de Nuesta Señora de Asunción. Der Eingang ist schlicht, im Inneren verbirgt sich aber Großartiges.

In einem Glaskasten ist das Holzkreuz zu sehen, das Christoph Kolumbus einst aus Spanien mitbrachte. Dass das Kreuz mehr als 500 Jahre alt ist, haben chemische Analysen bereits bestätigt. Das Holzkreuz wurde bisher nur einmal aus dem Glaskasten genommen: Als Papst Johannes Paul II. 1998 in Santiago war, wurde es ihm dort hingebracht.

Stadt des Kakaos

Vom Hauptplatz aus sieht man auch auf die Festungen Baracoas, die früher Piraten abschrecken sollten: Das Fuerte de la Punta ist heute ein Restaurant, El Matachín beheimatet das Stadtmuseum, und El Castillo de Seboruco ist die größte Festung. Schließlich darf eines keinesfalls vergessen werden: An der Plaza de la Independencia ist auch die »Casa del Chocolate« zu finden, in der als Spezialität kräftiger, heißer Kakao serviert wird. Und den sollte man sich als Besucher nicht entgehen lassen. Milch gilt als Mangelware auf Kuba und kann selbst in Touristencafés in Havanna manchmal nicht verfügbar sein. Milch ist auf Geheiß der kubanischen Regierung sonst nur Schwangeren und Kindern bis sieben Jahren vorbehalten. Vielleicht gibt es deshalb auf Kuba nur wenige gordos, was so viel wie Dicker heißt und gern auch mal für Touristen als Spitzname verwendet wird. Nicht grämen, wenn man mal so von einem Kubaner gerufen wird. Personen nach der Herkunft oder Physiognomie einen Spitznamen zu geben, ist auf Kuba normal und nicht wertend gemeint. Weil sich Kubaner gern schräge Namen geben – die man sich auch ausdenken darf – und in den 1970er-Jahren zum Beispiel viele Vornamen mit Y begannen, da das irgendwie trendy war, wird man eben schnell mal zum gordo, flaco (Dünner), chino (Chinese) oder zum tio (Onkel), wie ältere Menschen respektvoll gerufen werden. Am schönsten ist mi amor (meine Liebe) für Bedienungen.

MIT DEM RAD UNTERWEGS

Die Landschaft um Baracoa mit Regenwald und Tafelberg El Yunque ist ideal, um sie per Mountainbike zu erkunden. Wer sich allein durch die Pampa schlagen möchte, sollte sich für Notfälle die Handynummer der Radvermietung mitnehmen, die ihn abholen lassen kann. Wichtig ist auch genug Proviant, vor allem Wasser.

Bei einer Radtour wird man von Kubanern sofort als ihresgleichen akzeptiert, frei nach der kubanischen Denkweise: Der Ausländer muss genauso arm sein wie ich, sonst wäre er nicht mit dem Rad unterwegs. Dass man freiwillig Auto gegen Rad tauscht, ist nicht vorstellbar. Erstaunen wird ernten, wer schnell fährt. Kubaner cruisen auf ihren Rädern und haben den Sattel extrem weit unten, sodass es aussieht, als berührten sie beim Treten fast mit den Knien die Ohren. Die Räder, die auf Kuba zu sehen sind, haben meist mindere Qualität. Als Zwischenhändler fungieren Matrosen, die die Räder von ihren Reisen mitbringen.

Deutlich bessere Räder gibt es für diejenigen, die vorab bei einem Spezialveranstalter wie AvenTOURa buchen.

WEITERE INFORMATIONEN ZU BARACOA

Spezialveranstalter mit Fahrradleih:
www.aventoura.de

Entspannt geht's beim Poolbillard in der Stadt zu (rechts unten), was scheinbar auch für den Agrartransport dieser Soldaten auf dem Fahrrad gilt (oben). Castro und das antiimperialistische Guantánamo begrüßen ihre Gäste (rechts oben). Das berühmt-berüchtigte Lager ist nicht zugänglich.

42 Weltbekannt – Guantánamo

Eine Stadt – und das Lager

Beim Namen Guantánamo schieben sich Bilder gefangener Terrorverdächtiger vor das innere Auge, mit Tüten über dem Kopf und in orangefarbener Einheitskleidung. Guantánamo, die Militärbasis der USA, ist mittlerweile durch das Gefangenenlager weltweit bekannt. Dabei liegt der Ort Guántanamo 25 Kilometer weiter im Landesinnern. Er ist mit 200 000 Einwohnern die Hauptstadt der gleichnamigen Provinz.

Einer Frau aus Guantánamo, »la Guantanamera«, wurde ein Film gewidmet. In *Guantanamera – eine Leiche auf Reisen* nimmt der 1996 verstorbene Regisseur Tomás Gutiérrez Alea sein Land Kuba liebevoll auf die Schippe. In dem satirischen Roadmovie wird die Misere im Kuba der 1990er-Jahre humorvoll nachgezeichnet. Die Frau aus Guantánamo, die »Guantanamera«, haben wir aber auch alle im Ohr. Joan Baez sang von ihr, José Feliciano ebenso wie Julio Iglesias, Demis Roussos und Wyclef Jean, der über sie rappte. Zum Leben erweckt wurde sie durch Joseíto Fernández: Er griff mit einer Liedform, der Guajira, all das auf, was die Leute bewegte, und sang darüber in einer regelmäßig ausgestrahlten Radiosendung. Er nannte diese Form der musikalischen Nachrichtenübertragung »Guajira Guantanamera«. Mit der konnte er improvisieren und wurde damit zum Star des Radiosenders CMQ in Havanna. Er nahm Schallplatten mit diesem Lied auf. Aber auch die Verse von José Martí hatten es Joseíto Fernández angetan. Eine dieser Aufnahmen mit Martí-Texten wurde später weltberühmt, gesungen von Pete Seeger, der die Martí-Texte 1963 in New York vorstellte.

Stadt der »Guantanamera«

Die Provinzhauptstadt, aus der die berühmte »Guantanamera« kommt, liegt, mehr als 1000

Weltbekannt – Guantánamo

Kilometer von Havanna entfernt, inmitten von Kaffeeplantagen und hat einige hübsche Sehenswürdigkeiten zu bieten. Die gut erhaltene Altstadt ist im Kolonialstil erbaut. Einen Abstecher wert sind der Parque Martí und die Markthalle. Ein Denkmal auf dem Platz würdigt das Leben von General Pedro Agustín Pérez, einst Bürgermeister der Stadt und Vermittler im spanisch-amerikanischen Unabhängigkeitskampf. An der Ecke von Prado und Avenida José Martí steht das beeindruckende Museo Provincial, das sich mit der Geschichte der Stadt beschäftigt. Es ist ein ehemaliges Gefängnis und demzufolge ideal als Ausstellungsort für ein Landschaftsmodell der US-amerikanischen Militärbasis. Mit der Entwicklung der Base zu einem riesigen Gefangenenlager erlosch die Möglichkeit, die Bucht von der Ost- oder Westseite aus zu besichtigen. Die kubanische Regierung erstellt dafür keine Sondergenehmigungen mehr. Sehenswert im Provinzmuseum ist auch eine Ausstellung über entlaufene Sklaven, die in der bergigen Region um Guantánamo in sogenannten Wehrdörfern lebten.

Sklaven, Soldaten und Tiere aus Stein

Zu Sklaven gemacht wurden die Indianer, die sich erst kurz vor der Eroberung durch die Spanier an diesem Küstenstrich der Insel niedergelassen hatten. 1796 flüchteten viele französische Siedler von Haiti nach Kuba. Blutige Sklavenaufstände hatten sie von der Nachbarinsel vertrieben. So entstanden die Stadt Guantánamo und rundherum Kaffee-, Kakao- und Zuckerrohrplantagen, da die haitianischen Neuankömmlinge den Kaffee- und Kakaoanbau auf die Insel mitbrachten. Die drei Flüsse Río Bano, Río Guaso und Río Jaibo gaben der Stadt den Namen: Guantánamo, zwischen den Flüssen liegend.

Den nächsten großen Schub für die Region brachte das US-Militärlager, das 1903 für damals schon 5000 Soldaten errichtet wurde. Das 117 Quadratkilometer große Gebiet wurde für 2000 US-Dollar an die USA verpachtet. Laufzeit: 100 Jahre, Kündigung jedoch nur in beiderseitigem Einvernehmen …

Wer mit dem Mietwagen unterwegs ist, kann auch zu einem etwas außergewöhnlichen Tierpark fahren. Der Zoológico de Piedra ist ein Steinzoo, das heißt, alle Tiere, die man dort besichtigen kann, sind aus Stein, geschaffen von dem Bauern Angel Inigo. Der Zoo liegt 20 Kilometer außerhalb der Stadt, in den Bergen in der Nähe von Boquerón.

DAS ANDERE GUANTÁNAMO

Knapp 40 Kilometer Stacheldraht sichern die US-Militärbasis vom Rest der Insel ab. Eine Meerwasserentsalzungsanlage versorgt die mehr als 10 000 Soldaten und Zivilpersonen. Der Stützpunkt zählt zu den größten Minenfeldern der Welt, verfügt über zwei Flughäfen und diverse Schießstände. Seit 2002 macht Guantánamo als Gefangenenlager für einst mehr als 600 mutmaßliche Terrorverdächtige aus Taliban- und Al-Quaida-Kreisen von sich reden. Als bekannt wurde, unter welch skandalösen Bedingungen die Gefangenen festgehalten und vernommen wurden, brach eine Welle der Entrüstung aus, sogar in den USA. Trotzdem entschied US-Präsident Barack Obama, dass das Gefangenenlager erhalten bleibt, ebenso die Militärtribunale und die unbeschränkte Vorbeugehaft. Immer noch sitzen in Guantánamo 172 Menschen ein, deren Zukunft Jahre nach ihrer Festnahme ungewiss ist. Einzig positiv zu vermelden: Von der Guantánamo-Basis starteten die USA 2010 ihre Hilfsaktionen für das vom Erdbeben zerstörte Haiti.

WEITERE INFORMATIONEN ZU GUANTÁNAMO

www.autenticacuba.com

Guantánamo setzt man nicht mit Blumen gleich. Doch neben dem weltberühmt und -berüchtigten US-Lager gibt es auch eine normale kubanische Stadt.

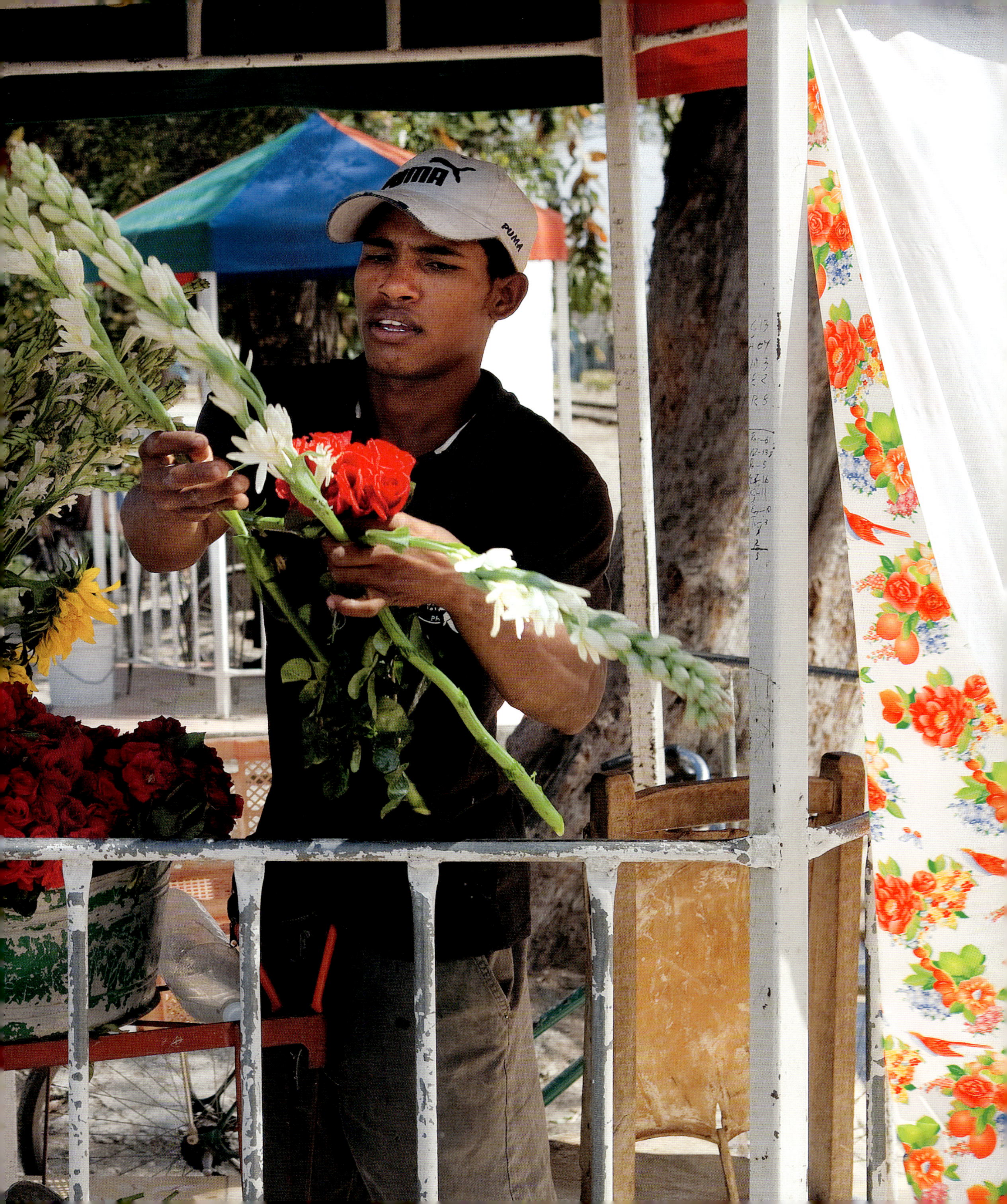
PUMA
PUMA

Einmal kräftig durchdrücken: Ruderer in der Bahía de Taco, die mit zahlreichen Mangroven bewachsen ist. Alexander Humboldt ist der ganze Nationalpark gewidmet, wobei nicht bewiesen ist, dass der Forscher diese Gegend jemals besucht hat. Sicher ist lediglich, dass er mehrfach auf Kuba weilte.

43 Im Nationalpark – Alejandro de Humboldt

Der kleinste Frosch

Das Monte-Iberia-Fröschlein und mehr als 100 verschiedene Reptilienarten – diese und viele anderen Tiere haben einen geschützten Lebensraum im Regenwald desNationalparks Alejandro de Humboldt gefunden. Er ist seit 2001 UNESCO-Weltnaturerbe.

Wer Kuba wunderbar grün und beinahe noch unberührt erleben möchte, ist im Nationalpark Alejandro de Humboldt richtig. Über 71 000 Hektar zieht sich der Park von den Korallenriffen im Meer über die Mangrovenwälder bis zum 1168 Meter hohen Berg El Toldo. Dazwischen liegt im Regenwald ein Rückzugsgebiet für Tiere, von denen viele nur dort leben. Mit etwas Glück sieht man den Kuba-Trogon – die Farben des Nationalvogels findet man auf der kubanischen Fahne –, das Monte-Iberia-Fröschlein, den kleinsten Frosch der Welt, den mausähnlichen kubanischen Schlitzrüssler, viele Reptilien, Greifvögel und Papageien.

Zahlreiche Flüsse haben tiefe Schluchten gegraben. Es regnet viel. Das ist gut für die Pflanzen, aber schlecht für den Besucher, der mit schlammigen Wegen rechnen muss – so wie er sich bei mehrtägigen Ausflügen auch auf ein rudimentäres Hostel einstellen darf. Ob Alexander von Humboldt auf dem Gebiet des heutigen Parks gewesen ist, kann nicht klar belegt werden. Sicher ist, dass der Naturforscher Anfang des 19. Jahrhunderts zwei Mal auf Kuba war.

Die Anreise in den Nationalpark erfordert Zeit: Erst geht's bis Baracoa (siehe Highlight 41), dann an der Küste nach Westen bis zum Besucherzentrum des Parks in Bahía de Taco. Dorthin kommt man auch von Holguín aus (siehe Highlight 50), denn die Fahrt über Mayarí ist wegen vieler Schlaglöcher noch schwieriger. Im Besucherzentrum informiert eine Ausstellung über den Park, der 2001 als Weltnaturerbe geadelt wurde. Je nach Aufenthaltsdauer wird die Gebühr bezahlt und dann die Genehmigung zum Besuch des Parks ausgestellt.

INFOS: www.autenticacuba.com

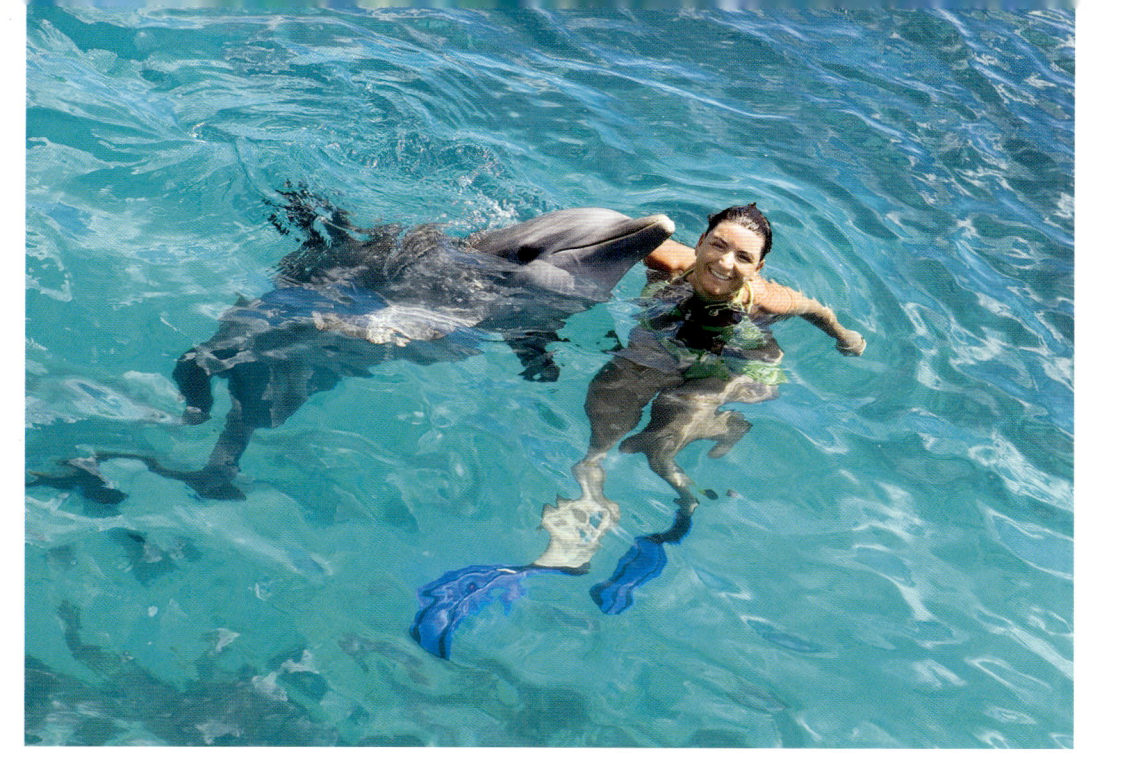

44 Seaworld auf Kuba – Gran Piedra e Baconao

Delfine, Castro und Jamaika

Wer mit etwas Zeit in den Osten gereist ist, sollte sich unbedingt in Santiago ein Taxi für einen Tagesausflug Richtung Westen mieten. Und wer weiß, vielleicht hat noch nicht einmal der Chauffeur den Parque Baconao und den Aussichtspunkt Gran Piedra gesehen ...

Tierische Freuden beim Schwimmen mit Delfinen im Acuario Baconao. In diesem eher einfachen Delfinarium sind, im Gegensatz zu den meisten für Touristen ausgelegten Anlagen, auch Einheimische gern gesehene Gäste. Und die Freude darüber merkt man ihnen deutlich an.

Was Seaworld für Florida, das ist das Acuario Baconao, etwa 40 Kilometer südlich von Santiago de Cuba, für Kuba. Sicher, Delfine anschauen oder mit ihnen schwimmen können Touristen auch andernorts. Nur: Kubaner, die nicht in den Urlauberhochburgen arbeiten, sind in diesen anderen Anlagen nicht willkommen – in Baconao dagegen schon. Und so gehört es zu den Highlights im Acuario – freilich neben der Robben- und der Delfinschau –, der kindlichen Freude der Kubaner bei ihrem Once-in-a-lifetime-Vergnügen beizuwohnen. Geschichtlich geht es auf der Farm Granjita-Siboney zu, die sich neben der Hauptstraße zurück Richtung Santiago befindet. Auf der kleinen Farm hielten sich dereinst Rebellen vor ihrem Sturm auf die Moncada-Kaserne in Santiago am 26. Juli 1953 auf, bei der Fidel Castro bekanntlich inhaftiert wurde. Die Farm wurde hergerichtet wie am Morgen jenes Tages.

Kurz nach der Farm zweigt rechts eine holprige Straße in Richtung Gran Piedra ab. Die letzten Meter geht es zu Fuß, dann liegt der wuchtige Felsklotz auf 1214 Meter Höhe vor einem. An klaren Tagen kann man bis Jamaika schauen, doch oft versinkt der Berg auch im Nebel. Mit einer Länge von 51, einer Höhe von 25 und einer Breite von 30 Metern gehört der Fels zu den größten Monolithen weltweit. Man schätzt ein Gesamtgewicht von mehr als 60 000 Tonnen.

TIPP: Für Kinder interessant ist das nahe gelegene Tal Valle de la Prehistoria. Die leicht hügelige Landschaft wirkt mit den 40 ebenso großen Dinosauriern wie der Drehort von *Jurassic Park*. www.autenticacuba.com

Der Osten

45 Musikalisch – Santiago de Cuba

Die schwarze Stadt

Santiago de Cuba ist die zweitgrößte und fünftälteste Stadt des Landes, durch die Festung San Pedro de la Roca Weltkulturerbestätte und Hochburg der Musik sowie des Karnevals. Knapp 500 000 Menschen leben in der Stadt der Tierra caliente. Die heiße Erde deutet darauf hin, dass die Gegend um Santiago zu den wärmsten Gebieten der Insel gehört. Santiago zu besuchen und zu erleben ist ein Muss.

Am Parque Céspedes in Santiago de Cuba braucht der Fremde nicht unbedingt ein Taxi, sondern er deutet einfach auf ein Motorrad. In Nullkommanichts hat ein kleiner Junge den Fahrer ausfindig gemacht. Der Kundschafter verdient so ein paar lokale Pesos und der Chauffeur mindestens einen wertvollen CUC. Es ist ein typisches Beispiel aus dem Reich der kubanischen Planwirtschaft. Man hilft sich eben selbst, wenn einem sonst nicht geholfen wird. Die kommunistische Führung kann die Menschen der Insel nicht mit genügend Arbeit versorgen, nicht ausreichend Geld bezahlen, ja sogar ein Teil der Lebensmittel muss eingeführt werden, weitere Waren und technisches Gerät sowieso. Viele Staatsbetriebe arbeiten nicht effizient, und somit befindet sich die Wirtschaftskraft Kubas seit jeher im Sinkflug. Deshalb gibt es den kleinen Jungen und den Motorradchauffeur am Parque Céspedes und anderswo im Land. Der Haken daran: Was der Junge und der Motorradfahrer machen, ist streng genommen illegal.

Kubas karibischste Stadt

Die Sonne strahlt über Santiago. Es ist heiß, das Thermometer zeigt mehr als 30 Grad. Und dieser sonnige 19. April im Jahr 2011 wäre ein

Etwas außerhalb des Zentrums liegt das Castillo de San Pedro de la Roca, kurz El Morro. Schon der Blick auf Meer und Gebirge ist die Anfahrt wert (unten). Junge Leute flanieren durch ihr Santiago, gern auch »die Schwarze« genannt, weil die Menschen durchwegs dunkler sind als im restlichen Kuba (rechts).

TANA
EVI
RISTORANTE
HOTEL
IMPERIAL
JUGOS
EL TRÓPICO
Panamericana

Der Osten

US-amerikanische Oldtimer-Cabrios werden in Kuba fast immer touristisch genutzt. Meist wurden die Autos der Marken Cadillac und Chevy, Buick und Dodge, Plymouth und Ford in den 1950er-Jahren gebaut.

Tag wie viele andere, wenn es da nicht eine Nachricht aus der Hauptstadt gäbe. Sie schlägt ein wie eine Bombe. Fidel Castro tritt als Vorsitzender der Kommunistischen Partei zurück. Der alte Mann hat nun keinen Posten mehr, der Comandante ist ab sofort hochoffiziell nur noch ein Comandante a. D. Und fast in einem Atemzug sagt Bruder, Staats- und nun auch KP-Chef Raúl, dass Kubas Wirtschaft modernisiert werden müsse. Neben vielen Maßnahmen ist auch eine dabei, die den kleinen Jungen und den Motorradchauffeur vom Parque Céspedes freut: Ihr Geschäft wird, wie weitere 177 Betätigungsfelder, in Zukunft legal sein. Das gilt allerdings nicht für die jineteros, jene Schlepper, die Touristen zu Zigarrenshops führen, wo altes Kraut teuer verkauft wird, oder die Urlaubern Prostituierte, welchen Geschlechts auch immer, andienen wollen. Santiago de Cuba zählt heute beinahe 500 000 Einwohner und ist Hauptstadt der gleichnamigen Provinz. 1514 gegründet – wie so manche Stadt von Diego Velázquez de Cuéllar – liegt sie 861 Kilometer weit weg von Havanna und ist heutzutage die zweitwichtigste und zweitgrößte Stadt. Sie gilt aber auch als die karibischste Stadt der Insel, als afrikanischste, als schwarze Stadt, weil man sagt, die Santiagueros hätten die dunkelste Hautfarbe des Landes. Santiago war der wichtigste Ankunftshafen für Sklavenschiffe aus Westafrika. Geht man heutzutage selbst mit jungen Schwarzen durch Villenviertel wie Vista Alegre, werden sie einem sagen, dass sie Fidel Castro danken. Denn vor der Revolution durften Schwarze einige Straßen in Santiago nicht betreten. Möglicherweise sind die Menschen aufgrund ihrer Herkunft temperamentvoller und wirken in ihren Bewegungen vielleicht sogar ein wenig lasziver. Man sagt: In Santiago brennt der Asphalt, drängeln sich die Bars, dröhnen Salsa, Son und Reggaeton aus allen Fugen, tanzen die Menschen wie sonst nirgendwo. Denn die Stadt hegt und pflegt ein wunderbares kulturelles Erbe, die kubanische Musik.

Die Wiege der Son-Musik

Der bekannteste Sohn und Musiker der Stadt wurde am 20. Februar 1927 in einer Bar in ei-

Musikalisch – Santiago de Cuba

nem Vorort als uneheliches Kind geboren. Bei der Mutter sollen die Wehen unerwartet früh eingesetzt haben. Sie starb, als der Junge gerade mal zwölf Jahre alt war. Der Waise musste schon früh sein Geld als Schuhputzer und Zeitungsverkäufer verdienen. Ein paar Pesos machte er zusätzlich als Straßenmusiker, und mit 13 gründete er seine erste Band. Die Rede ist von Ibrahim Ferrer, dem Kopf der erst sehr spät, aber dann weltberühmt gewordenen Combo Buena Vista Social Club. Ferrer war einer der Stars des Son, jener kubanischen Tanzmusik aus den 1940er- und 1950er-Jahren, die Mitte der 1990er auf einmal zum Trend wurde. Gitarrenlegende Ry Cooder nahm mit Ferrer und den Altstars Compay Segundo und Ruben Gonzales die CD *Buena Vista Social Club* auf. 1997 ließ Wim Wenders einen gleichnamigen Dokumentarfilm folgen. Das Ergebnis: Die drei, damals zusammen weit über 200 Jahre alten Musiker wurden zu Weltstars, messbar an vier Millionen verkauften CDs und der Einladung zu einer Audienz bei Fidel Castro. Die Welt feierte den Son aus Santiago de Cuba, der schon vor 100 Jahren in Santiago und im Osten gespielt wurde. Dabei mischen sich schwarze, afrikanische Rhythmen mit weißen, spanischen Gitarrenklängen. Er ist in fast jedem Klub der Stadt zu hören und immer in der »Casa de la Trova«, die als Wiege des Son gilt, auch wenn dort aufgrund der hohen Eintrittspreise heute mehr Touristen als Einheimische verkehren. Woanders, zum Beispiel in Restaurants bester Lage, fideln aber auch Musiker so lange und manchmal sogar so schlecht, bis pro Tisch mindestens ein CUC eingespielt ist. Auch das ist Kuba, die Musik und das Geldverdienen …

Auftakt der Revolution

Schon acht Jahre nach ihrer Gründung, im Jahr 1522, erhielt Santiago die Stadtrechte. Zwischen 1523 und 1552 war sie sogar Inselhauptstadt und ihr Hafen die Heimat der berühmten spanischen Armada in der Karibik. Die Geschichte Kubas, insbesondere die der Freiheitskämpfe, ist eng mit Santiago verbunden. Freiheitskämpfer wie Carlos Manuel de Céspedes, Antonio Maceo und vor allem José Martí wurden in Santiago geboren. Im Hafen kam es zur Beendigung der spanischen Kolonialzeit, als die US-Amerikaner nach vorherigen heftigen Schlachten auf See dort die spanische Flotte versenkte. Spaniens letzte Kolonie in Lateinamerika war damit Geschichte. Allerdings begann so faktisch eine andere Art der Koloni-

Eine große Lebenslust, oben in der »Casa de la Trova«, aber auch Geruhsamkeit wie in der Altstadt von Santiago de Cuba (unten), sind zwei typische Charakteristika der größten Stadt des Ostens.

Der Osten

La Catedral de Nuestra Señora de la Asuncion (unten) ist ein häufig fotografiertes Motiv von Santiago de Cuba. Schließlich besticht die Stadt mehr durch ihre Atmosphäre als durch ihre Gebäude. Santiago, wie es leibt und lebt: Frau mit Lockenwicklern (rechts oben) und beste Laune beim Karneval (rechts unten).

alherrschaft, die Ende 1959 beendet wurde – mit dem Anfang, sechs Jahre zuvor, an der Moncada-Kaserne in Santiago, an der noch heute die Einschusslöcher der Rebellen zu sehen sind. Der Sturm auf die Kaserne schlug zwar fehl, doch der Angriff wird bis heute als Beginn der Revolution bezeichnet. Und da die Attacke auf den 26. Juli 1953 datiert wird, spricht man auch von der Bewegung des 26. Juli. Ein Museum, das Museo Histórico 26 de Julio, das über die Vorgänge in Santiago und über den gesamten Verlauf der Revolution aufklärt, ist der Kaserne angegliedert.

Vom Staubsaugerverkäufer zum Spion

Den besten Blick über die Stadt mit ihren Straßen und Gassen, die zum Teil bis in die Santiago umrahmenden Berge der Sierra Maestra reichen, hat man vom Dachgarten des Hotels »Casa Granda« im Zentrum. Es steht am Parque Céspedes, dem Herz und Puls der Stadt. Das Hotel selbst ist nicht zu empfehlen, weil die tollen Fassaden und Äußerlichkeiten mehr Schein als Sein sind, aber es macht natürlich Spaß, mit Graham Greenes Roman *Unser Mann in Havanna* unterm Arm durch das Haus, ein fünfstöckiges neoklassizistisches Gebäude von 1914, zu schlendern, um auf den Spuren des Romans zu wandeln. Der Held des Buches, der Engländer Wormold, der vom erfolglosen Staubsaugerverkäufer unvermittelt zum Spion avanciert, schlief literarisch genau hier …

Der Parque Céspedes ist Tag und Nacht ein trubeliger Platz, auf dem sich Musiker, Mamas mit Kindern, Machos mit Zigarre und Liebespärchen treffen. Im Zentrum steht ein Denkmal für den Namensgeber Carlos Manuel de Céspedes. Um den Platz herum reihen sich einige der wichtigsten historischen Gebäude der Stadt, allen voran die Catedral de la Asunción. Schon im Jahr 1516 gab es eine Holzkirche. Der letzte der Nachfolgebauten, die heutige Kathedrale, wurde schließlich 1922 fertiggestellt. Stadtgründer Diego Velázquez liegt darin begraben. Auch das älteste heute noch erhaltene Haus Kubas, die ehemalige Residenz von Velásquez, ist zu sehen. Der Sitz des ersten Gouverneurs der Insel stammt wie die erste Holzkirche aus dem Jahr 1516. Unverkennbar sind die maurischen Elemente. Seit 1971 ist es das Museo de Arte Colonial. Schließlich befindet sich auch das klassizistische Rathaus am Parque Céspedes. Am 1. Januar 1959 verkündete Fidel Castro von hier aus den Sieg der Revolution.

Musikalisch – Santiago de Cuba

Traumpaar: Rum und Tabak

Zum Pflichtprogramm in Santiago gehören die Tabak- und die Rumfabrik, die einst Bacardi gehörte – heute wird dort Havana Club Rum verkauft –, sowie die Plaza de la Revolución. Hier schwang Fidel jährlich zum Gedenken an den Sturm auf die Moncada-Kaserne seine stundenlangen Reden. Hier steht das Monument für Antonio Maceo, und hier war das gesellschaftliche Zentrum der Panamerikanischen Spiele 1991.

Nicht verpassen sollte man zudem den Monumentalfriedhof Cementerio de Santa Ifigenia, auf dem Persönlichkeiten wie José Martí, dessen mächtiges Mausoleum so konzipiert wurde, dass immer ein Sonnenstrahl auf sein Grab fällt, sowie Carlos Manuel de Céspedes und Emilio Bacardí begraben liegen. Und natürlich gibt es noch »El Morro«, die Festung San Pedro de la Roca. Sie wurde zum Schutz vor Piraten über der Hafeneinfahrt, etwa sieben Kilometer vom heutigen Zentrum entfernt, gebaut. Ein toller Blick auf die Bucht von Santiago und die Sierra Maestra sowie die gut erhaltene Befestigungsanlage mit Zugbrücke, Kanonen und meterdicken Schutzmauern lohnen den Abstecher. Die Festung wurde im Jahr 2000 zum Weltkulturerbe ernannt, gemeinsam mit der archäologischen Landschaft der ersten Kaffeeplantagen im Südosten Kubas.

Der 20. April 2011 ist, wie so häufig in der Tierra caliente, ein sonniger und heißer Tag. Auf der Titelseite der guten alten KP-Zeitung *Granma* sieht man Fidel Castro im Trainingsanzug. Der Máximo Líder hat abgedankt. Das Bild zeigt ihn zu Hause, wie er seine Briefwahlunterlagen für die Wahl der neuen Spitze der Kommunistischen Partei an seinen Großneffen übergibt. Im Hintergrund sind Kronleuchter und ein Sonnenblumenbild zu erkennen. Fidels Wohnzimmer wirkt durch und durch bürgerlich. Der Kämpfer gegen Batista und Stürmer gegen die Moncada-Kaserne zeigt sich wie versöhnt mit der Welt, die er ideal sein Leben lang verbessern wollte, auch wenn er sein Volk dabei real zur Armut verdammte.

RUM STATT KAMELLE

»Kamelle, Kamelle!«, rufen die Kölner beim Karnevalsumzug. Was Köln für Deutschlands Karneval ist, stellt Santiago für Kuba dar: Die Stadt gilt als die Hochburg des Karnevals – bunt, laut und fröhlich. So mancher Karnevalsüchtige behauptet, Santiagos Interpretation der eine Woche lang dauernden Fastnacht gehöre zu den aufregendsten Festen in Mittelamerika. Tatsächlich ist die ganze Stadt scheinbar Tag und Nacht auf den Beinen und jedes Viertel ist mit mindestens einer Comparsa, also einer Kostümgruppe, bei den Umzügen dabei. Manche Karnevalsgruppen wurden schon vor 300 Jahren gegründet. Zuweilen wirkt alles wie ein einziger Tanz, angeheizt vom schnellen Rhythmus der Trommeln und Trompeten. Dazu wird geschlürft, was Rumflaschen und Biertanks hergeben, denn das Bier könnte ja warm werden, wie ein kubanisches Sprichwort sagt ...

Gefeiert wird nicht wie in Köln im Februar, sondern im Juli! Es gibt auch Tribünen, von denen man zuschauen kann. Die Karten für etwa 5 Euro sind aber rar. Wer zu einer anderen Zeit in der Stadt ist, sollte wenigstens das Museo de Carneval besuchen.

WEITERE INFORMATIONEN ZU SANTIAGO DE CUBA

www.santiagodecubacity.org

Auch die Anfahrt ist schön: El Cobre, von Bergen umgeben (oben). Wer etwas auf sich hält, besucht sie in Blütenweiß, dem Symbol der Unschuld, wie diese Dame mit Schirm vor der Wallfahrtskirche (rechts).

46 Wundersam – El Cobre

Der Ort des Glaubens

Atheismus herrscht vor im Staate Kuba, aber dennoch gibt es im fernen Südosten einen Ort, der sich der Religion verschrieben hat. Sogar ein bisschen Meinungsfreiheit darf praktiziert werden, und selbst Fidel Castros Mutter war einst dort, um der Schutzpatronin des Landes zu gedenken, der Madonna von El Cobre. 2012 wurde das 400. Jahresjubiläum der Auffindung des Gnadenbildes der Madre gefeiert.

Kubaner lieben es laut und lustig. Wer ein Auto hat, fährt selbst bei der Madonna hupend vor, und immer wieder wird in El Cobre der gleiche Scherz gemacht: Maria sei wohl die Einzige gewesen, die mit dem Floß nach Kuba gefahren sei, wo doch alle anderen die entgegengesetzte Richtung wählen, nämlich weg von Castros Zucker-Rohr(stock-)Insel … Kuba ist ja – trotz unlängst verkündeter Erleichterungen bei der Ausreise – noch immer so eine Art Karibik-DDR. Freilich mit ein paar Unterschieden zum ehemaligen kommunistischen deutschen Bruderland: Kuba ist nicht so trist, hat schöne Palmen, die Leute sind freundlicher, und statt einer Mauer gibt's das Meer … Eine Flucht übers Wasser ist stets auch ein latentes Thema – hinter vorgehaltener Hand, versteht sich. Nur in El Cobre lässt man schon auch mal kurz die Hand weg. Denn in der Kirche herrscht so ein bisschen geduldete Meinungsfreiheit. Es wird über Flucht und politische Häftlinge getuschelt, über Christentum, Glaube und Religion, allesamt Bereiche, die im kommunistischen Kuba üblicherweise komplett außen vor bleiben.

Diese Mini-Meinungsfreiheit ist der schwarzen Madre zu verdanken, denn sie wird von jedem, auch von der KP-Führung, akzeptiert. Der Grund ist einfach: Die Virgen de la Caridad del Cobre, die Barmherzige Jungfrau von

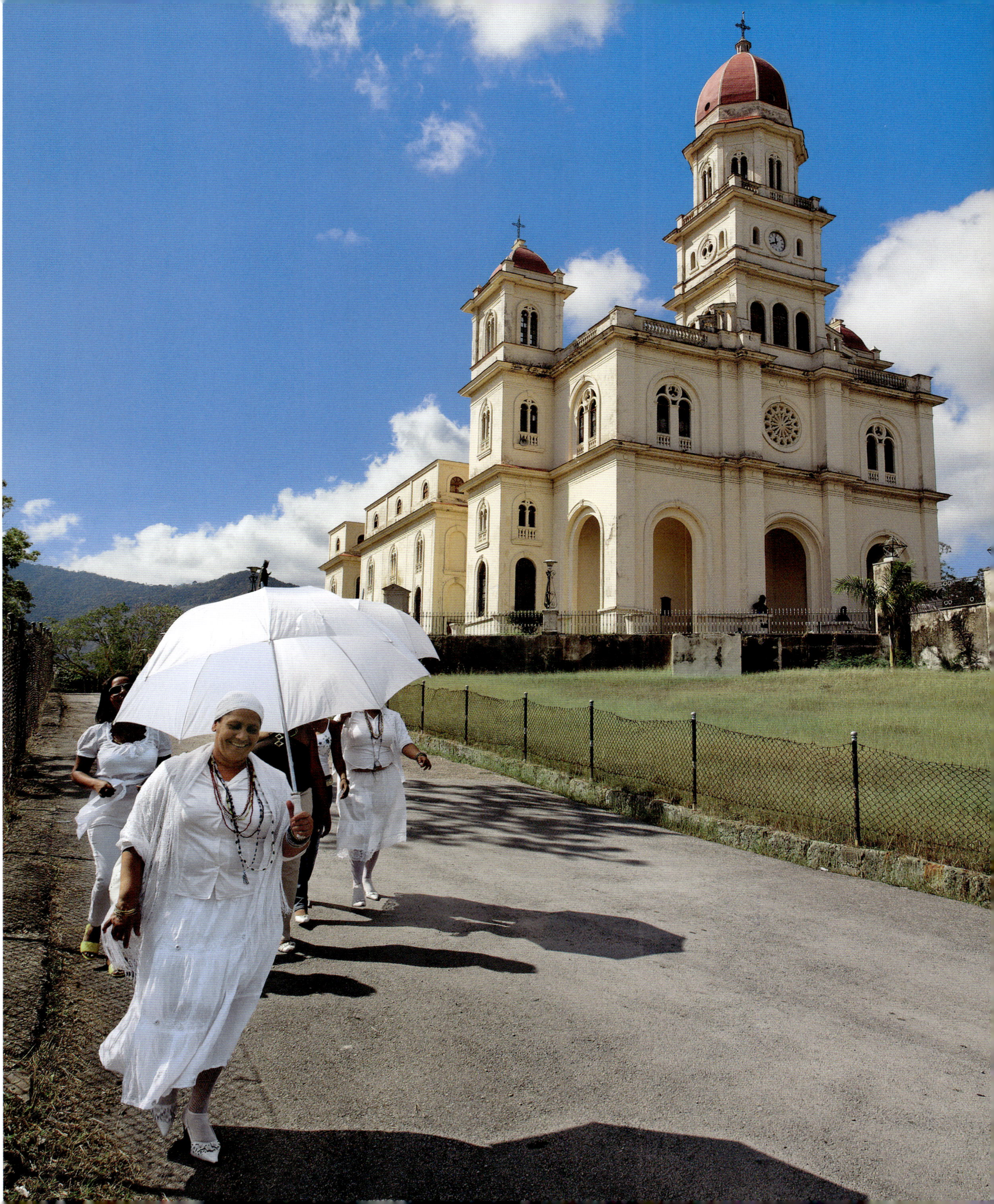

Der Osten

Um sie dreht sich alles in El Cobre: Die Virgen de la Caridad del Cobre, die Barmherzige Jungfrau von Cobre, wie der komplette Name lautet. Papst Benedikt XV. rief sie 1916 offiziell zur kubanischen Schutzpatronin aus (oben). Blick ins Innere der Wallfahrtskirche, wo die Virgen de la Caridad ihre Heimat gefunden hat (rechts unten) und Devotionalien jeglicher Art ausgestellt sind (rechts oben).

Cobre, so der komplette Name, wurde von Papst Benedikt XV. 1916 offiziell zur kubanischen Schutzpatronin ernannt. Schließlich war sie schon 48 Jahre zuvor, während der Aufstände gegen die Spanier, die Schutzpatronin und das Symbol des Widerstands sowie damit auch der kubanischen Identität.

Die Madonna aus dem Meer

Eigentlich existieren drei Legenden über die Auffindung der Madonnenfigur in Kuba. Der wichtigsten Legende nach wurde die Heiligenfigur von drei Juans gefunden. 1612 soll es gewesen sein, als die Fischer mit den identischen Vornamen in der Bucht von Nipe, in der Nähe von Guardalavaca (siehe Highlight 39), ihrer Arbeit nachgingen und die Madonna, die auf einer Schiffsplanke trieb, entdeckten. Andere Geschichten erzählen, dass die Fischer in Seenot waren und die Madonna auf einer Holzplanke ihre Rettung war. Wahrscheinlich stammte die Jungfrau von einem gesunkenen spanischen Schiff. Andere sagen, es könnte ein Geschenk eines spanischen Kapitäns an einen Stammesfürsten gewesen sein, eine indianische Kultfigur oder gar nur die Galeonsfigur eines Segelschiffs.

Sicher ist, dass die nur 35 Zentimeter große, dunkelhäutige Jungfrau nach El Cobre gebracht wurde, wo die Fischer wohnten. Die Männer bauten eine schlichte Kapelle für ihren Fund, und schon 72 Jahre später wurde eine Wallfahrtskirche erbaut. 1898 fand dort zum Ende des Spanisch-Amerikanischen Kriegs der Gottesdienst statt, bei dem die Menschen für die Befreiung von der spanischen Kolonialherrschaft Dank sagten.

Schutzpatronin für alle

Die Wallfahrtskirche El Cobre knapp 20 Kilometer westlich von Santiago de Cuba (siehe Highlight 45) zwischen den sanften Hügeln der Ausläufer der Sierra Maestra (siehe Highlight 47) erhielt ihren (Kurz-)Namen, wie die gesamte Ortschaft, nach einer Kupfermine; El Cobre heißt auf Spanisch Kupfer. Die Kirche mit ihrem mächtigen Mittelturm und den zwei kleineren flankierenden Türmen ist schon von Weitem zu sehen. Aufgrund der verschiedenen Legenden über den Ursprung der Madonna gilt sie nicht nur als Schutzpatronin von Katholiken, sondern auch von den Anhängern der Santería-Religion, in der sie den Namen Ochún trägt, welche die Göttin der Flüsse und der Liebe ist. Es waren schließlich die Sklaven, die in der Mine hart arbeiten mussten und die Madonna als Erste zu ihrer Schutzpatronin erkoren. Dazu dürfte auch die schwarze Hautfarbe der Mariendarstellung beigetragen haben. Offiziell zelebrierten sie zwar die katholischen Feste, doch intern praktizierten sie ihre eigenen Riten. Jeder Heilige der Weißen bekam eine afrokubanische Gottheit zugewiesen, der sie auf diese Weise unbehelligt huldigen konnten. Deshalb fallen die Feiertage beider Religionen auch stets auf den gleichen Tag. Und die Farbe Gelb steht nicht nur für die Jungfrau, sondern auch für Ochún …

Wundersam – El Cobre

Beeindruckend im Inneren der Wallfahrtskirche, die, so wie man sie heute sieht, aus den 1920er-Jahren stammt, ist die Sammlung von Votivgaben, die zum Teil auch keinen religiösen Hintergrund haben. Sogar die Nobelpreis-Medaille von Ernest Hemingway – für seine Erzählung *Der alte Mann und das Meer* – war eine Zeit lang in El Cobre, ehe sie in einen sicheren Safe gewandert ist. Eine verständliche Maßnahme, nachdem das gute Stück gestohlen (aber auch wieder zurückgebracht) wurde. Militärische Rangabzeichen als Dankesgaben gibt es ebenso wie Medaillen von sportlichen Wettkämpfen. Auch diese Gaben zeigen, dass die Madonna ein Symbol für alle ist. Selbst die Mutter von Fidel und Raúl Castro pilgerte nach El Cobre, der einzigen Wallfahrtskirche Kubas. Ihr gespendetes Amulett sollte für den Schutz von Sohn Fidel sorgen. Und sogar Danksagungen für eine geglückte Inselflucht in die USA werden geduldet. Während der Messen dreht ein Mechanismus die Marienfigur vom Audienzraum zum Hauptschiff, sodass sie dann alle Gläubigen sehen können.

Beten um Geschäfte

Die Revolution hat der katholischen Kirche auf Kuba fast alles genommen. El Cobre ist so etwas wie die letzte Bastion und Hoffnung auf der Insel. Deshalb fiebert man natürlich auch dem 400. Jahrestag der Auffindung der Madonna entgegen. Das bringt Öffentlichkeit – und dadurch vielleicht auch Erleichterungen bei der Einrichtung eines Priesterseminars oder Genehmigungen für Renovierungen … Papst Benedikt XVI. gewährte allen Teilnehmern der Wallfahrt mit der Barmherzigen Jungfrau von Cobre im Jubiläumsjahr sogar einen besonderen vollkommenen Ablass. Die Wallfahrt führte quer durch Kuba. So reiste das 1612 entdeckte Marienbildnis von El Cobre vom Osten des Landes bis in den äußersten Westen der Insel, um schließlich in der Hauptstadt Havanna anzukommen. 2012 kamen Marienverehrer aus der ganzen Welt in den Ort. Schon in einem normalen Jahr ohne Jubiläumsfeiern kommen um die 500 000 Gläubige und Besucher, um hier zu beten oder die Madonna von El Cobre einfach zu sehen.

Früher hörte man, dass viele Kubaner auch Klage an den nördlichen Nachbarn richteten: Das kleine und wirtschaftlich unbedeutende Kuba zu kritisieren und zu boykottieren, das sei einfach. Auch die Volksrepublik China werde kritisiert, aber nicht boykottiert, denn China sei zu groß und politisch wie wirtschaftlich zu mächtig, weshalb die Geschäfte mit den USA glänzend liefen … Und genau das wünschen sich viele Kubaner auch für ihr Land. Bald könnte aus dem langersehnten Wunsch Realität werden …

WALLFAHRT AUF KUBANISCH

Alle sind sie herausgeputzt, Männer, Frauen, Kinder, vornehmlich in Weiß, der Farbe der Unschuld. Bunt wird es nur durch die vielen Sonnenblumen, die fast jeder mitbringt. Einmal im Leben will jeder gläubige Kubaner zur Virgencita del Cobre, zur kleinen Jungfrau von Cobre, die in fein besticktes Tuch gewickelt ist. Sie ist zwar nur so groß wie eine Puppe – und sieht mit dem Jesuskind im Arm auch so aus –, ist aber von größter Bedeutung: Die Jungfrau von Cobre ist die Patronin des ganzen Landes. Am 9. September, dem Namenstag der Madonna, pilgern viele Kubaner nach El Cobre. Wobei das kubanische Pilgern nicht streng katholisch zu sehen ist, sondern eher Volksfestcharakter hat. Die Gläubigen sind katholisch, aber auch die Anhänger afrokubanischer Kulte verehren die Statue als ihre Göttin Ochún, der stets Sonnenblumen dargebracht werden. Es gibt Andachten für Schwangere, Eheleute, Kranke und fast für jedes Anliegen.

WEITERE INFORMATIONEN ZU EL COBRE

www.santiago-de-cuba.info/content/ausfluege/el_cobre.htm Etwas außerhalb des Zentrums liegt das Castillo de San Pedro de la Roca, kurz El Morro. Schon der Blick auf Meer und Gebirge ist die Anfahrt wert (rechts unten).

Der Osten

47 Versteck in den Bergen – Sierra Maestra

Einsam, schroff, schön

Die Sierra Maestra, Kubas größtes Gebirge, nimmt fast die gesamte Südostküste ein. Der schönere Teil liegt westlich von El Cobre. Dort zeigen sich die bis zu knapp 2000 Meter hohen Berge tropisch grün mit Farnen, Palmen und dichten Nadelwäldern. Die Sierra Maestra ist aber mehr als nur ein hübsches Stück Erde: Sie diente Revolutionären seit jeher als Versteck und Rückzugsgebiet.

Zum Abkühlen in den Fluss springen (unten). So zeigt sich die Sierra Maestra von ihrer schönsten Seite: mit bis auf die Spitzen bewachsenen Bergkuppen und sich majestätisch im Wind wiegenden Kokospalmen (rechts).

Die Dose ist knallrot. In Gold ist ein markanter Schädel darauf abgebildet, darüber steht in Großbuchstaben: »CERVEZA« – »BIER«. Hatuey, der Besitzer des Schädels, ist der Namensgeber des besten einheimischen Biers auf der Insel. Und mit genau diesem Hatuey begann die Reihe der Aufständischen, die in der Sierra Maestra so etwas wie eine Heimat, in jedem Fall aber ein Versteck fanden. Der Kazike (Indianerführer) wurde 1511 in den Bergen getötet. Er gilt als der erste Freiheitskämpfer der Insel, auf die er floh, nachdem er von den Spaniern von Hispaniola – das sich heute die Länder Haiti und Dominikanische Republik teilen – vertrieben wurde. Der Kazike berichtete von dem Gemetzel der Spanier in seiner Heimat und kämpfte auch auf Kuba gegen die Kolonialisten aus Europa. Diesen Kampf konnte er allerdings ebenfalls nicht gewinnen. Er wurde gefangen genommen und von den Spaniern hingerichtet.

Auf Hatuey folgten drei weitere Aufstände gegen die spanische Krone sowie schließlich 1953 der Beginn der Revolution gegen Diktator Fulgencio Batista mit dem Sturm auf die Moncada-Kaserne von Santiago de Cuba (siehe Highlight 45). In allen Fällen war die Sierra Maestra das Rückzugsgebiet der Rebellen.

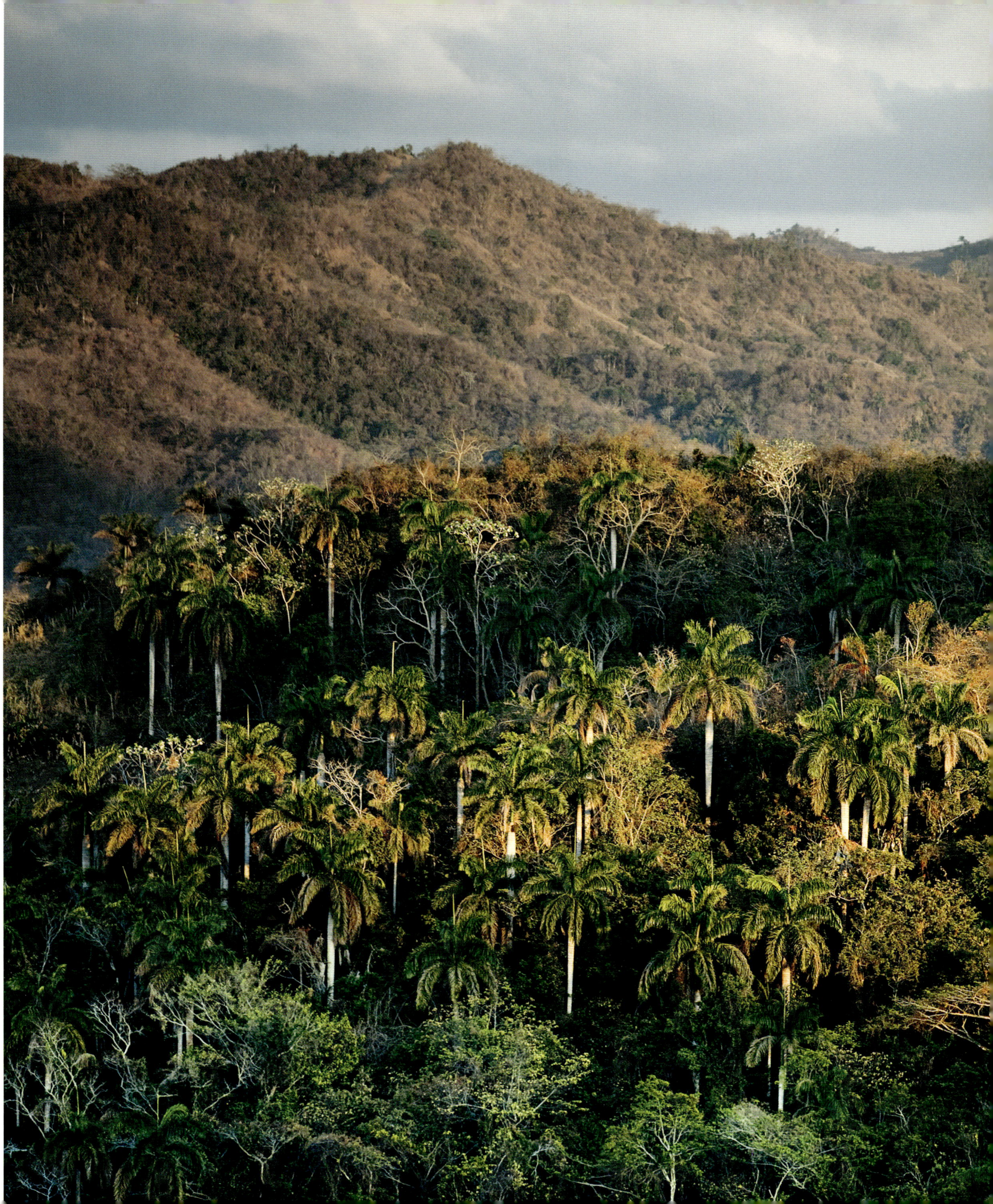

Der Osten

Schroffe Küstenlinie an den Ausläufern der Sierra Maestra (oben). Recht ruckelig wird's für die Männer auf der Ladefläche des Lastwagens auf einer Piste im Gebirge (unten). Die Wanderungen der Krabben sind ein Naturschauspiel (rechts oben). Sonnenuntergang in der Sierra Maestra (rechts unten).

Touristen kommen dagegen wegen der schönen Panoramaaussichten. Entlang der Küste befinden sich zudem viele Höhlen, einsame Buchten und schroffe Klippen. In Portillo stehen einige einfache Hotels zur Wahl. Deshalb eignet sich der Ort als Ausgangspunkt für Ausflüge, auch in die nahe Zuckerstadt Pilón mit ihrem kleinen Museo Municipal.

In den Bergen unterwegs

Die Küstenstraße entlang der Gebirgskette ist trotz der vielen Schlaglöcher, die so überraschend auftauchen, dass einem angst und bange um das Mietauto wird, in jedem Fall eine Tour wert. Im Frühjahr trifft man dabei auch auf eine Armada von orangefarbenen Krabben, welche die Straße überqueren, wobei leider einige überfahren werden. Es ist ein echtes Naturschauspiel, denn vor der Straße krabbeln die Tiere zunächst die bis zu 300 Meter hohen Steilufer hoch, um einmal im Jahr an ihre Eiablageplätze zu gelangen.

An der Riviera del Caribe steigen die Berge der Sierra Maestra sofort steil an. Zwischen Santiago und Pilón zweigen von der Küstenstraße mehrere Routen in die Berge ab. Wer in der Sierra Maestra mit dem Auto oder zu Fuß unterwegs ist, muss genügend zu trinken und gegebenenfalls auch zu essen mitführen, so man selbst nicht in der Lage ist, eine Kokosnuss zu öffnen, die einen mit Flüssigem und Nahrhaftem gleichzeitig versorgen würde. Manchmal kann man aber auch einen Bauern bitten, eine Nuss mit seiner Machete aufzuschlagen. Ganz frisch ist so eine Kokosnuss eine Köstlichkeit! Die Wanderpfade sind meist sehr schmal, gelegentlich auch steil. Blühende Korallenbäume wachsen wie Unkraut am Wegesrand, Kaffeesträucher werden sorgsam kultiviert, ebenso wie Kakaobohnen, während die Kokospalmen, aber auch einige andere Vertreter der 34 verschiedenen Palmenarten auf Kuba, und die lila, an einen Phallus erinnernden Blüten von Bananenbäumen der Szenerie einen Schuss Exotik geben. Auch eine Vielzahl unterschiedlicher Orchideenarten findet man und wer Glück hat, sieht mal einen majestätischen Rotschwanzbussard im Geäst sitzen oder vorbeifliegen. Immer wieder trifft man auf die eine oder andere Hütte von Bauern, die Schweine oder Ziegen, Truthähne oder Hühner und natürlich ihre Wachhunde halten. Die Wäsche wird zwar meist noch am Fluss gewaschen, aber so manche einfache Herberge hat sogar einen Fernsehapparat. Wandern ist übrigens nicht gerade

Versteck in den Bergen – Sierra Maestra

Wenn Kuba ein Land ist, wo die Zeit etwas langsamer zu vergehen scheint als anderswo, dann könnte man meinen, in der Sierra Maestra gäbe es gar keine Uhren, sondern lediglich den langsamen Lauf der Sonne unterhalb des Pico Turquino, der mit 1974 Metern der höchste Gipfel ist. Im größten zusammenhängenden Waldgebiet der Insel gibt es mehrere parallel verlaufende Bergketten, die das Gebiet so unwegsam machen. Nicht zuletzt deshalb war die Region als Rückzugsgebiet der Revolutionskämpfer hervorragend geeignet.

Erinnerung an Fidel und Che

Seit 1980 ist ein Teil des Gebirges ein Nationalpark, den man am besten von Villa Santo Domingo aus besucht, einer Ortschaft rund 35 Kilometer südlich der Straße von Bayamo (siehe Highlight 49) nach Manzanillo. Hier stehen auch ein paar schlichte Unterkünfte zur Verfügung. Fünf Kilometer von Villa Santo Domingo entfernt liegt der 950 Meter hohe Aussichtspunkt Alto del Naranjo.
Er kann zu Fuß erklommen werden, aber auch ein Auto mit Allradantrieb schafft die Strecke. Von dem herrlichen Aussichtspunkt geht's in etwa einer Stunde ausschließlich zu Fuß weiter zu Fidel Castros Hauptquartier, la Comandancia de la Plata, für das man allerdings eine Besuchererlaubnis braucht, die man schon zuvor bei der Parkwache in Villa Santo Domingo einholen muss. In der Comandancia ist ein kleines Museum untergebracht. Dort findet man auch die Stelle, von der Che Guevara seine Radioansprachen an die Kubaner hielt.
Zum Sonnenbaden und Schwimmen bieten sich die ungefähr 60 Kilometer westlich von Santiago liegende Playa Sevilla oder die Playa Blanca in der Nähe der Ortschaft Chivirico, aber auch der schwarzsandige Strand von Portillo, fast am Ende der Küstenstraße in Richtung Westen, an. Aber Achtung: Playa Blanca bedeutet zwar Weißer Strand, aber Strände mit feinem weißen Sand wie im Norden gibt es entlang der Südküste tatsächlich keinen einzigen.

des Kubaners Lust. Entsprechend skeptisch wird man als Trekker schon mal angeschaut. Das gilt besonders für US-Amerikaner, die wegen des Embargos lange Zeit über Mexiko einreisen mussten. Da fragt ein Campesino dann schon mal unumwunden: »Warum fährst du eigentlich zum Wandern? Und dann ausgerechnet nach Kuba?« Aber gerade in der Abgeschiedenheit der Berge öffnet der eine oder andere CUC oder so mancher Euro Tür und Tor, etwa für ein Ferkel am Spieß, am offenen Feuer gegrillt, bis die Schwarte kracht: Kulinarische Köstlichkeiten sucht man in Kuba jenseits der All-inclusive-Buffets ja oftmals vergebens … Das kann einem natürlich auch in der Sierra Maestra passieren. Ein anderer Bauer bietet vielleicht nur Reis mit Zitronenblättern und Yamswurzeln plus Bananenkuchen mit Guavensoße zum Nachtisch an.

Tauschhandel statt Kreditkarten

Auf dem Land sollte man immer ausreichend Bargeld mit sich führen. Kreditkarten oder Reiseschecks sind dort nichts wert. Falls im Rucksack Platz ist, sind da Jeans, T-Shirts, Baseballkappen, aber auch mal ein Kugelschreiber als Tauschwährung viel besser einzusetzen … In Kuba – und besonders im abgelegenen Gebirge – sind es ja oftmals die ganz selbstverständlichen Dinge, die schlicht und einfach fehlen.

WANDERN FÜR KÖNNER

Die Wege in der Sierra Maestra führen häufig durch dichte und nebelige Wälder mit hohen Bäumen, was die Orientierung erschwert. Bei der Planung sollte berücksichtigt werden, dass man Wanderführer aber nur in Villa Santa Domingo findet. Vor allem, wer sich mehrere Tage in der Sierra Maestra aufhalten möchte, braucht einen Guide. Große Flächen sind als militärisches Sperrgebiet ausgewiesen und dürfen nicht betreten werden. Zudem sollte man bedenken, dass nur in einfachen Hütten oder in Zelten übernachtet wird. Mehrtägige Touren sind vor allem etwas für erfahrene Trekker und Bergsteiger, denn es gibt Pfade, die über waghalsige Leitern führen, und Kammwege, auf denen man sich an Seilen entlanghangeln muss. Für Touren zum Pico Turquino wird ein gutes Maß an Fitness und Trittfestigkeit sowie eine entsprechende Ausrüstung mit Bergschuhen, Wandersocken, Sonnenschutz, winddichten Jacken, Zelt und Isomatte vorausgesetzt. Interessierte sollten Sierra-Maestra-Touren bereits in Deutschland buchen, etwa bei AvenTOURa oder Intakt-Reisen.

WEITERE INFORMATIONEN ZUR SIERRA MAESTRA

Touren durch die Sierra Maestra: www.aventoura.de, www.intakt-reisen.de

Die Playas las Coloradas locken zum Schwimmen und Bootfahren (oben), während der Leuchtturm Varga zu einem Ausflug einlädt (rechts oben). Netter Empfang: der Eingang zum Nationalpark Desembarco del Granma (rechts unten).

48 Baden und mehr – Playas las Coloradas

Wo die »Granma« landete

Der Strand Las Coloradas, benannt nach dem von Mangroven rötlich gefärbten Meerwasser, ist ein schmaler Ufersaum im Nationalpark Desembarco del Granma, der zum Weltnaturerbe gehört. Aber es ist auch ein Ort, der Revolutionsgeschichte schrieb. Dort landeten 1956 Fidel Castro, Che Guevara und 80 Rebellen mit der Jacht »Granma«, um Kuba vom Joch der US-amerikanischen Imperialisten zu befreien.

Die Palmen wiegen sich sanft im Wind, einsam stecken ein paar windschiefe Strohsonnenschirme im feinen Sand, Kinder schreien voller Freude aus dem seichten Meereswasser – ein schöner Platz zum Schwimmen, Faulenzen und Abschalten. Dabei ist dieser schmale Küstensaum doch viel mehr als nur ein Badeplatz. Der Parque Nacional Desembarco del Granma mit etwa 28 000 Hektar Waldland an der Südspitze von Kuba gehört seit 1999 zum Welterbe der Menschheit. Doch noch viel wichtiger: Die Playas las Coloradas sind für Kuba historisch bedeutsam. Der Küstenabschnitt ist sozusagen ein Grundstein der Revolution.

Geschichtsträchtiger Nationalpark

»Si salimos, llegamos. Si llegamos, entramos, y si entramos triunfamos« – »Wenn wir aufbrechen, kommen wir an. Wenn wir ankommen, gehen wir an Land, und wenn wir an Land sind, siegen wir.« Diese Parole hatte Fidel Castro noch in Tuxpan in Mexiko ausgegeben, als er sich zusammen mit Che Guevara und 80 Rebellen auf der viel zu kleinen Jacht »Granma« auf den Weg machte, nach Kuba zurückzukehren und gegen den Diktator Fulgencio Batista die Freiheit für sein Volk zu erkämpfen. Sie waren nicht unbedingt die besten Seefahrer und mussten durch einen Sturm in Richtung Kuba. Am 2. Dezember 1956 er-

Baden und mehr – Playas las Coloradas

reichten sie schließlich ihre Insel an den Playas las Coloradas, wo bereits Batistas Armee einen Hinterhalt im Landesinneren gelegt hatte. Die Situation der Rebellen schien aussichtslos – sie irrten tagelang durch die Mangrovensümpfe und durch messerscharfes Dickicht. Nur 16 konnten letztendlich dem Dauerfeuer der Batista-Soldaten entkommen. Unter ihnen waren Fidel und Raúl Castro, Ernesto Che Guevara und Camilo Cienfuegos. Ihnen und ihrem Schiff zu Ehren wurde 1975 die Provinz westlich von Bayamo (siehe Highlight 49) Granma genannt.

Gleich neben dem Eingang zum Nationalpark kann man in einem kleinen Museum die Wege verfolgen, die die Überlebenden genommen haben, die Orte nachlesen, in denen sie Unterschlupf fanden. Selbstverständlich darf die »Granma« nicht fehlen, auch wenn es nur eine Kopie ist, die überdacht neben dem Museum bestaunt werden kann. Das Original befindet sich im Museo de la Revolución in Havanna.

Labyrinth aus Bäumen

Die Mangrovensümpfe bilden einen Wall zwischen dem Meer und dem kleinen Ort Las Coloradas. Ein schmuckloser Betonweg führt vom Museum geradewegs durch die Mangrovensümpfe hin zum Meer. Wenn der Betonsteg zum Strand aber nicht wäre, würde man wohl schnell zwischen den Bäumen die Orientierung verlieren, in dem nur die Einheimischen so richtig wissen, wo es langgeht. Wie mögen sich da die Rebellen gefühlt haben, die dort an Land gespült wurden? Einige kamen durch und veränderten das Land bekanntermaßen sehr nachhaltig – und bis heute.

Schmucklos ist auch die Kennzeichnung der Stelle, an der die »Granma« nach dem Sturm an Land gespült wurde – was man so natürlich nicht in der kubanischen Geschichtsschreibung lesen kann. Derzufolge landete Fidel Castro mit seinen Mannen gezielt und geplant genau dort – als hätten sie nie etwas anderes im Sinn gehabt, als exakt an dieser Stelle kubanischen Boden zu betreten.

Ein weitläufiges Wegenetz durchzieht den gesamten Nationalpark, der sich fast bis zum Fischerdorf Cabo Cruz erstreckt. Mehr als 500 Pflanzenarten wachsen und gedeihen in diesem Nationalpark – uralte Kakteen sind darunter, denen man ein Alter von einem halben Jahrtausend zuschreibt. Aber auch die Vogelvielfalt ist bemerkenswert. Vom Kolibri bis zum Seeadler werden im Nationalpark um die 170 verschiedene Vogelarten gezählt.

DAS SACKGASSENDORF

Das kleine Fischerdorf Cabo Cruz, nur etwa zehn Kilometer entfernt von Los Coloradas, ist der südlichste Punkt Kubas. Dort hört die Insel im Wortsinn auf. Das merkt man an den merkwürdig häufigen Polizeikontrollen. Und man sieht es dem idyllischen Fischerdörfchen an seinem 33 Meter hohen weißen Leuchtturm aus dem Jahr 1871 an. Während aber der Faro Vargas den Schiffen den Weg zeigt, führt an Land die Straße in den Osten nicht weiter – Cabo Cruz ist quasi ein Sackgassendorf.

Fast bis ans türkisfarbene Wasser reichen die Mangrovenbäume an manchen Stellen, und wenn man dem Schild Sendero Arqueológico Natural El Guafe folgt, gelangt man auf einen schönen Rundwanderweg. Ein unterirdischer Fluss hat sich im Laufe der Jahrtausende in die Erde gefressen und mehr als 20 Höhlen ausgewaschen. In einer von ihnen steht ein berühmter Wassergott, den die ansässigen Indianer einst aus Stalagmiten gemeißelt haben. Vogel- und Pflanzenfreunde kommen bei dieser Wanderung besonders auf ihre Kosten. Zu sehen sind Orchideen, Schmetterlinge und zahlreiche Vogelarten.

WEITERE INFORMATIONEN ZU PLAYAS LAS COLORADAS

www.autenticacuba.com

Der Osten

49 Freiheit und Helden – Bayamo

Die Widerspenstigen

Schon auf dem Ortsschild ist es zu lesen: Bayamo la Heróica, Bayamo, die Heldenhafte. Die Bewohner ließen sich nicht von entführungsfreudigen Piraten einschüchtern und boten den spanischen Besatzern immer wieder die Stirn. Ihr Motto: Gleichheit und Unabhängigkeit oder der Tod. Dem Weg der Unabhängigkeit durch Bayamo folgt man ohne große Mühen, denn die Zahl der Sehenswürdigkeiten ist übersichtlich.

Gemütlich geht's in den Straßen von Bayamo zu, wo häufig Pferdekutschen benutzt werden (unten). Das Kulturzentrum in Bayamo ist den Beatles gewidmet (rechts oben). Statue des Helden Carlos Manuel de Céspedes (rechts unten).

Diego Velázquez gründete Bayamo 1514 inmitten der Canto-Ebene. Seine Wahl sollte sich als exzellent herausstellen: Der Boden in dieser Region taugte später bestens für den Anbau von Zuckerrohr, aber auch von Reis. Der spanische Eroberer und Gouverneur von Kuba zerstörte zwar die Indianerdörfer, aber den unbeugsamen Willen der Ureinwohner konnte er nicht brechen. Und diese Unbeugsamkeit sollte sich in Bayamo als eine Konstante der Geschichte fortsetzen. Als die spanischen Kolonialherren an den Schmugglern von Bayamo ein Exempel statuieren wollten und acht führende Persönlichkeiten der Stadt verhafteten, löste das die erste kubanische Revolte gegen die spanische Krone aus. Die gesamte Stadt lehnte sich gegen die spanischen Abgesandten auf – die Kapitulation war die fast logische Folge. Ähnlich erging es einem französischen Piraten, der Lösegeld für den festgehaltenen Bischof verlangte. Dieses Ansinnen bezahlte der Mann mit dem Leben, denn die Bürger von Bayamo stellten erneut ihre kampferprobte Geisteshaltung unter Beweis.

Auch Freimaurerlogen fanden regen Zuspruch. Am 10. Oktober 1868 befreite der

Freiheit und Helden – Bayamo

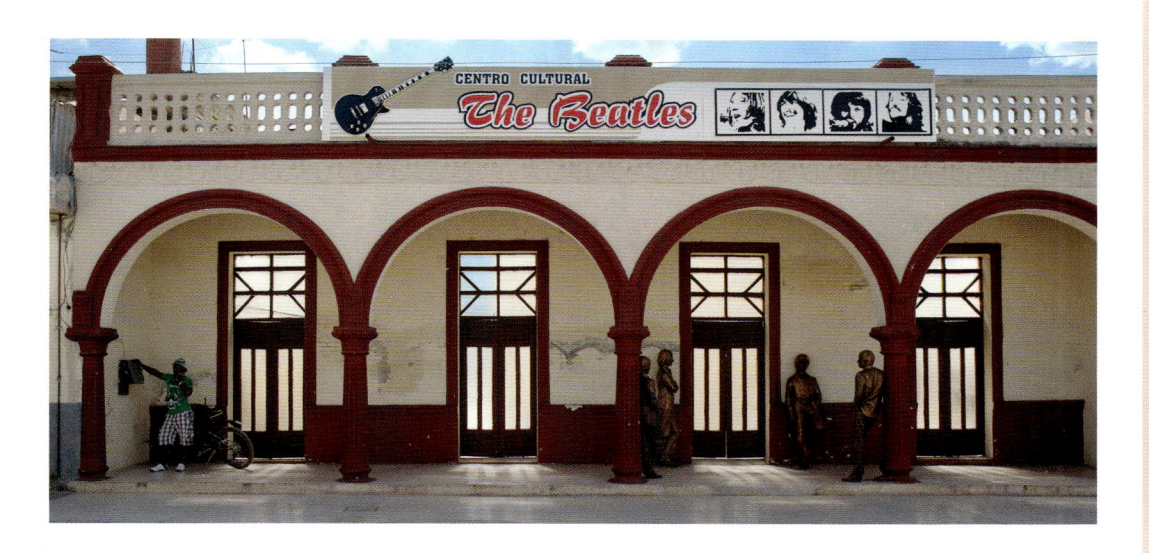

Grundbesitzer Carlos Manuel de Céspedes seine Sklaven und stellte in Windeseile eine kleine Armee zusammen. Es folgte die erste Rebellion gegen die spanische Kolonialmacht und zehn Tage später die Einnahme von Bayamo. Als im Januar 1869 die Spanier bedrohlich nah an die Stadt herankamen, brannten die Einwohner ihre eigene Heimat nieder, statt sie in die Hände der Gegner fallen zu lassen. Auch im 20. Jahrhundert wurden Bayamo und Umgebung wieder Schauplatz für Aufstände.

Erste Plaza de la Revolución Kubas

Vielleicht mag man an diese wechselvolle Geschichte denken, wenn man auf der Plaza de la Revolución steht. Es gibt mehrere davon auf Kuba, doch in Bayamo erhielt zum ersten Mal ein Hauptplatz diesen Namen. Man sieht das Denkmal von Carlos Manuel de Céspedes und das Geburtshaus des Befreiungshelden. In ihm zeichnet das Museo Casa Natal Carlos Manuel de Céspedes seine Lebensgeschichte nach. In der Nachbarschaft steht das Gebäude der Poder Popular – dort unterschrieb Céspedes 1869 das Dokument, das die Abschaffung der Sklaverei im befreiten Kuba besiegelte. Die Geschichte der Provinz Bayamo wird eindrucksvoll im angrenzenden Museo Provincial nacherzählt.

Zeugen glanzvoller Zeit

Nicht weit entfernt liegt die Plaza del Himno mit der Iglesia des Santísimo Salvador. Die Kirche ist die zweitälteste auf der Insel. Sie stammt aus dem Jahr 1516 und wurde bei einem Brand 1869 zerstört. Zu sehen ist noch La Dolorosa, die Kapelle der Schmerzensreichen Jungfrau, von 1733.

Von vergangenen glanzvollen Zeiten erzählt der Kolonialbau, in dem das Hotel »Royalton« untergebracht ist. Es steht direkt an der Plaza de la Revolucíon und mitten im Geschehen. Die Veranda des Hauses ist zu verlockend, um einfach weiterzuschlendern. Entspannt sieht man dem Treiben zu … bis Kinderlachen die beschauliche Ruhe unterbricht. In einer kleinen Kutsche, gezogen von einer zierlichen Ziege, machen sieben Jungen und Mädchen im Sonntagsstaat einen Ausflug. Quietschvergnügt winken sie den Leuten auf der Veranda zu, bis sie an der nächsten Straßenkreuzung wieder verschwunden sind.

Ein letzter Blick in die schmucke Fußgängerzone Calle General García mit einigen, für kubanische Verhätnisse hübschen Geschäften. Die Flaniermeile endet am Museo de Cera, Bayamos Version von Madame Tussauds. Im Wachsfigurenmuseum sitzt Ernest Hemingway im Sessel und lauscht den Klängen des kubanischen Komponisten Bola de Nieve …

AUF ZUM KAMPF, BAYAMESEN!

Carlos Manuel de Céspedes, Grundbesitzer und Freimaurer, rief bei der ersten großen Rebellion gegen die spanischen Kolonialherren das aus, was später die Nationalhymne werden sollte: »Gleichheit und Unabhängigkeit oder der Tod.« Perucho Figueredo hatte am Kampf um Bayamo 1868 teilgenommen, und ihm verdanken die Kubaner ihre Hymne. Der Patriot schrieb den Text, nachdem er bereits die Melodie komponiert hatte. *La Bayamesa* sangen die Aufständischen im Kampf gegen die spanischen Kolonialherren:
»Al combate corred bayameses,
que la patria os contempla orgullosa.
No temáis una muerte gloriosa
que morir por la patria es vivir.«
(»Auf zum Kampf, Bayamesen!
Das Vaterland wird stolz auf euch sein.
Fürchtet nicht den ruhmreichen Tod,
für das Vaterland sterben, heißt leben.«)
Auf Bayamos Plaza del Himno wurde die Hymne am 8. Novembr 1868 erstmals gesungen. Eine Gedenktafel erinnert daran.

WEITERE INFORMATIONEN ZU BAYAMO

Die Hymne ist bei YouTube zu hören und kann heruntergeladen werden – zum Mitnehmen an die Plaza del Himno!
www.youtube.com

Der Park Calixto García, in dem tagsüber und bis in die Abendstunden hinein Konzerte gegeben werden (oben). Gleiches gilt selbstredend auch für die »Casa de la Música« (rechts oben). Blick auf Holguín vom über der Großstadt thronenden Kreuz La Loma (rechts unten).

50 Schwarze Tränen – Holguín

Musik, Museen und Marx

Die Provinzhauptstadt Holguín ist das Tor zur südlichen Nordküste. Von der geschäftigen Stadt mit dem internationalen Flughafen führen fast alle Wege an die Strände. Aber Holguín war auch eine Wiege des Aufstands. Der zentrale Platz der Stadt heißt deshalb Parque Calixto García, benannt nach dem populären General, der 1868 im Unabhängigkeitskrieg gegen Spanien auf sich aufmerksam machte.

Das kulturelle und geschäftige Herz von Holguín schlägt laut – und melodiös – am Parque Calixto García. Lágrimas negras, die schwarzen Tränen, sind es wieder einmal, von denen einer der älteren Troubadoure musikalisch in einem Son schluchzt. Nicht nur am Abend, auch schon tagsüber ist der Parque Calixto García ein Treffpunkt der Troubadoure. Junge und Alte singen und musizieren, bringen Sones und Guarchas zu Gehör.

Der Musik lauschen ist eine Sache, Calixto García die Aufwartung machen die andere. Denn an den bekannten General, der in Holguín geboren wurde, erinnert eine Statue auf dem nach ihm benannten Platz. García und seinen Truppen gelang es, das spanische Militär aus der Stadt zu vertreiben. Eine Militäreinheit der Spanier hatte sich 1868 in ein elegantes Wohnhaus eben an diesem Platz eingemietet, das sich der reiche Großgrundbesitzer Francisco Rondán y Rodríguez hatte bauen lassen. Der erste Unabhängigkeitskrieg gegen Spanien hielt ihn davon ab, den Palast ausgiebig genießen zu können. Zwei Monate dauerte die Belagerung, dann hatte Calixto García gewonnen. Jetzt beherbergt der Palast in der Calle Frexes das Museo Provincial La Periquera. Gezeigt werden Dokumente aus den Unabhängigkeitskriegen und Exponate aus prähistorischer Zeit. Da die Provinz Holguín von alten indianischen

Schwarze Tränen – Holguín

Kulturen besiedelt war, ist in dem Museum auch eine verzierte Steinaxt zu sehen. Die Hacha de Holguín ist ein Symbol des indianischen Widerstands gegen die Spanier.

Die Stadt der Parks

Wer ein paar Schritte weiter in die Calle Miró geht und dort die Hausnummer 145 findet, steht vor dem Geburtshaus des berühmten Generals. Die Casa Natal de Calixto García ist ein Museum, das auch persönliche Dinge des beliebten Sohns der Stadt zeigt. Pico de Cristal, Glasgipfel, nennen die Einheimischen das moderne Bürohaus an der Calle Martí, neben dem das Teatro Eddy Sunol steht. Die Casa de Arte Plástico wiederum zeigt zeitgenössische kubanische Kunst. Und auf der Calle Maceo kommt man unweigerlich zum Naturkundemuseum, dem Museo de Ciencias Naturales Carlos de la Torre y Huerta. Mineralien, Schneckenhäuser und präparierte Vögel sind dort ausgestellt. Schließlich stellt man zudem fest, warum Holguín – rund 750 Kilometer von Havanna entfernt – die Stadt der Parks genannt wird: Die Plaza de la Marqueta und der Parque Peralta liegen in unmittelbarer Nähe des Museums.

An Don Camillo und Pepone fühlt man sich im Parque Peralta erinnert, wenn man erst vor dem Denkmal für Karl Marx steht und dann die Kathedrale San Isidro betritt: Der Altar ist dem Heiligen Isidor geweiht, dem Schutzpatron der Stadt. Sklaven mussten den Altar aus dem 72 Kilometer entfernten Bayamo (siehe Highlight 49) nach Holguín schleppen und ihn in der im Jahr 1720 errichteten Kirche aufstellen.

Die Calle Frexes erkunden bedeutet, schön restaurierte Kolonialhäuser zu besuchen. Die Calle Maceo ist dagegen zum Teil eine Fußgängerzone und führt zum Parque Céspedes, dessen Bäume Schatten spenden. Dort kann man die Iglesia de San José besuchen, deren Glockenturm über den Platz ragt.

Neue Rhythmen

Zurück am Parque Calixto García vernimmt nicht nur das musikalisch geschulte Ohr, dass die Klänge rhythmischer geworden sind. Salsa und vereinzelt auch Hip-Hop der jüngeren Troubadoure sind zu hören. Und inzwischen klingen auch aus der Casa de la Trova karibische Klänge. In einer Bar oder Bodega lässt es sich nun prima verweilen und ausruhen. Einen guten Blick über den Platz hat man zum Beispiel im »La Begonia«, wo man unter einem Blätterdach entspannen und auch eine Kleinigkeit zu sich nehmen kann.

DER LEIERKASTENMANN

Nicht nur die Troubadoure, sondern auch die Drehorgelspieler haben sich den Parque Céspedes für ihre musikalischen Darbietungen ausgesucht und bringen gerne ein Ständchen, was nicht selten zu einem beschwingten Konzert wird. Mitte des 19. Jahrhunderts kamen die ersten Drehorgeln nach Kuba. Sie stammten aus Frankreich und Holland. Gespielt wurden Opernarien ebenso wie Oldies und kubanische Danzónes. Ein Original ist noch heute im Tal von Viñales (siehe Highlight 12) am Mural de la Prehistoria zu hören. Eine andere landete in Manzanillo, einer kleinen Stadt im Osten Kubas, und zwar beim Komponisten Franzisco Borbolla. Er taufte sie auf den Namen Matilde und baute sie um. Jetzt konnte er mit seiner Orgel für die Tänzer Musik machen, auf langen Lochstreifen hielt er die Son- und Danzón-Stücke fest. Seine Söhne setzten die Arbeit fort und verbreiteten diese Art des Musizierens im ganzen Osten von Kuba.

In Holguín werden in der Fábrica de Órganos nach wie vor in zweimonatiger Arbeit Drehorgeln hergestellt und bemalt.

WEITERE INFORMATIONEN ZU HOLGUÍN

Fábrica de Órganos: an der Straße nach Gibara (Carretera de Gibara 301)

PELOTÓN 1
U.B.P.C.
EL MESO
NUESTRO MAYOR
RECURSO ES EL AHORRO.
INV. 4515

Woher der Name Zuckerrohrinsel nur kommt … Auf weiten Flächen Kubas wird Zuckerrohr angebaut. Es ist bis heute ein wichtiger Wirtschaftsfaktor.

Register

Acuario Baconao 139
Agramonte, Ignacio 119
Alea, Tomás Gutiérrez 134
Alejandro de Humboldt 138
Alto del Naranjo 153
Altstadt 22, 24, 26, 28f., 31, 42, 44, 97, 104, 107, 118, 135, 143
Archipelen Sabana 76
Avenida Antonio Maceo 24

Babaloás 50
Bacardi 14, 72, 145
Baez, Joan 134
Bahía de Bariay 122
Bahía de Cochinos 92f.
Bahía de Siguanea 87
Bahía de Taco 138
Bahía di Jagua 97
Baker, Josephine 45
Balart, Birta Díaz 128
Banes 127ff.
Baracoa 111, 130ff., 138
Batista, Fulgencio 28, 70, 73, 77, 87, 91, 100f., 110, 128f., 145, 150, 154f.
Bayamo 153, 155ff., 159
Bergman, Ingrid 43
Bernhardt, Sarah 74, 96
Blanca 91, 153
Blaupunktrochen 77

Bond, James 42
Boquerón 135
Borbolla, Francisco 159
Brando, Marlon 45, 48
Brosnan, Pierce 42
Bucht von Nipe 148
Buena Vista Social Club 51, 127, 143

Cabildos 50
Cabo Cruz 155
Cabo Lucrecia 124
Caibarién 78f.
Caleta Buena 93
Callejón de Hamel 46, 49
Camagüey 104, 111, 116, 118f., 124
Capitol 28, 34f., 94
Capone, Al 59, 69
Cárdenas 73
Caridad Ramos 122
Carpentier, Alejo 31, 133
Caruso, Enrico 39, 94, 97
Casa de la Gallega 110
Casa de la Trova 143, 159
Casa del Chocolate 133
Casas Particulares 97, 106
Castillo de la Real Fuerza 29, 44
Castillo de las Nubes 61
Castillo de San Pedro de la Roca 140, 149
Castillo de San Salvador de la Punta 25, 30

Castillo del Morro 19, 25, 44
Castro Ruz, Fidel 14, 16f., 30, 36, 38, 43, 48, 59, 70ff., 87f., 91ff., 110ff., 128, 130, 132, 139, 142f., 145f., 153ff.
Castro Ruz, Raúl Modesto 16
Catedral de la Inmaculada Concepción 30, 73
Catedral de la Pirísima Concepción 94
Cayería del Norte 76f.
Cayo Carenas 97
Cayo Coco 63, 68, 76, 78, 82ff., 112
Cayo Ensenachos 79
Cayo Guillermo e Santa Maria 78
Cayo Guillermo 82, 85
Cayo Juías 57
Cayo Largo 66, 88, 90f.
Cayo Las Brujas 78f.
Cayo Levisa 63
Cayo Media Luna 77, 82
Cayo Sabinal 121
Cayo Saetía 123
Cayo Santa Maria 78f.
Central Australia 92f.
Chivirico 153
Chorro de Maíta 127
Churchill, Winston 45, 59
Ciego de Ávila 84, 112f.

Cienfuegos 94, 96ff., 107, 116
Cienfuegos, Camilo 36, 75, 155
Cojímar 43
Comandancia de la Plata 153
Comunidad Los Aquáticos 57
Contra Bandidos 106
Cooder, Ry 143
Cooper, Gary 43
Costa de los Piratas 87
Criadero de Cocodrilos 93
Cueva de San Miguel 57
Cueva Santo Tomás 57

De Céspedes y López del Castillo, Carlos Manuel 30, 143ff., 156f.
De Nieve, Bola 157
De Sores, Jacques 31
Delon, Alan 133
Dietrich, Marlene 43, 59
Domino-Regeln 107
DuPont de Nemours, Éleuthère Irenée 69
Duse, Eleonora 39

Echeverría, José Antonio 73
El Castillo de Seboruco 133
El Castillo del Principe 44
El Cobre 146, 148ff.
El Morro 140, 145, 149
El Toldo 138
Embalse Hanabanilla 101
Escalona, Salvador González 49
Escambray-Gebirge 101

Fábrica de Bebidas Casa Garay 59

Fábrica de Tabacos Francisco Donatién 58
Farm Rancho King 121
Faro Vargas 155
Feliciano, José 134
Feltrinelli, Giangiacomo 38
Fernández, Joseíto 134
Ferrer, Ibrahim 51, 126, 143
Festung de la Cabaña 44
Festung San Pedro de la Roca 140, 145
Figueredo, Perucho 159
Finca Manacas 129
Finca Vigía 40, 43
Flamingos 77f., 85, 121
Flundern 77
Flynn, Errol 42, 133
Fort Castillo de Real Fuerza 29
Fortaleza de la Cabaña 44
Fortaleza San Salvador de la Punta 44
Foster, Jodie 59
Freilichtmuseum Guamá 93
Friedhof Cristóbal Colón 51

Gibara 124, 127, 159
Golfplatz 66, 69ff.
Gonzales, Ruben 143
González 56
Goyri, Amelia 51
Gran Parque Natural Montemar 86
Gran Puerto de las Américas 97
Grand Teatro de la Habana 30, 39
Guanabacoa 50
Guantánamo 71, 134ff.
Guarchas 158

Guardalavaca 121ff., 148
Guavenlikör 59
Guayabita 58f.
Guevara, Che 16, 36, 38, 100f., 113, 133, 153ff.
Guillén, Nicolás 119
Guillermo e Santa Maria 78

Habana Vieja 26, 28f., 31, 39, 42, 44
Hacha de Holguín 159
Halbinsel Ancón 107
Hanabanilla 101
Hatuey 133, 150
Havana Club Rum 145
Havanna 14, 17, 19ff., 38ff., 48ff., 54, 58ff., 70ff., 84f., 88ff., 101ff., 111ff., 118, 123ff., 130, 133ff., 142f., 149, 155, 159
Hemingway, Ernest 40, 42f., 63, 77, 149, 157
Hershey, Milton 75
Hicacos 66, 69, 71
Holguín 72, 85, 121f., 124ff., 138, 158, 159
Hotel Nacional de Cuba 20

Iglesia de la Santisima Trinidad 106
Iglesia de la Soledad 119
Iglesia de Nuesta Señora de Asyunción 133
Iglesia de Nuestra Señora de la Caridad 128
Iglesia Mayor 50
Iglesia Nuestra Señora de la Merced 119
Iglesia Parroquial Mayor 111
Iglesias, Julio 134
Imperialismus 39

Helden, Palmen und Farmer: Im karibischen Arbeiter- und Bauernstaat geht so vieles noch den sozialistischen Gang der 1950er- und 1960er-Jahre. Kubas Architektur versprüht morbiden Charme, seine Bewohner kombinieren Lebensfreude mit Gelassenheit und Improvisationskunst. Hervorragend geführt ist das »Hostal Son Basilio« im Herzen Santiagos. (v. l. n. r).

Wer den Malecón, die »Ufermauer aus Stein«, von Havanna versteht, der wird auch das ganze Land verstehen.

Inigo, Angel 135
Isla de la Juventud 87, 91
Isla de Pinos 91
Isla del Sol 91

Kaffeesträucher 110, 152
Kakaobohnen 130, 152
Karneval 140, 144f.
Kathedrale Nuestra Señora de la Candelaria 119
Kazike 150
Kennedy, John F. 14, 92
King Cole, Nat 45
Kloster San Francisco 50
Kloster Santo Domingo 50
Kokospalmen 92, 150, 153
Kolibri 77, 155
Kolumbus, Christoph 26, 30, 51, 73, 91, 97, 122, 126, 129, 130, 133
Kommunismus 16, 39
Kommunistische Partei 45
Königspalme 69
Korallenbäume 45, 69, 119
Korallenriff 63, 77, 82, 85, 90, 93, 121, 138
Korda, Alberto 38, 100
Kreditkarten 152
Kuba-Specht 86
Kuba-Trogon 77, 138

La Boca 93, 120
La Milagrosa 51
Laguna del Tesoro 65, 92, 93
Laguna el Real 120
Las Tunas 121, 124
Literatur-Nobelpreis 40, 43
Lollobrigida, Gina 39
Los Cocos 91

Macabis 77
Maceo, Antonio 24f., 143, 145
Malecón (Havanna) 17, 19f., 22ff., 28, 30, 45, 49, 79, 132
Maniabón-Indianer 129
Mann, Thomas 59
Marrero, Manuel 84
Martí, José 25, 30, 38, 94, 96, 134, 143, 145
Martínez, Raúl 113
Matanzas 74, 75, 86
Mirador de Venus 61
Moncada-Kaserne 139, 144, 145, 150
Monte-Iberia-Fröschlein 138
Morgan, Henry 118
Morillo, Leovigildo 56
Morón 76, 84f.
Mural de la Prehistoria 56f., 59
Museo Arqueológico Indocubano 127, 129
Museo Casa Ernest Hemingway 42
Museo Casa Natal Ignacio Agramonte 118
Museo de la Intervencíon 92
Museo de la Revolución 30, 36, 155
Museo Histórico 50, 113, 144
Museo Memorial Comandancia de la Far 93
Museo Provincial La Periquera 158
Museo Romántico 106f.
Museum Sitio Histórico de Birán 129

Nationalpark Alejandro de Humboldt 138
Nationalpark Desembarco del Granma 154
Nationalpark Guanahacabibes 62
Nationalpark Topes de Collantes 107, 110
Naturpark El Bagá 77
Nueva Gerona 87, 91
Nuevitas 76, 118

Palacio de los Capitanes Generales 29
Palacio de Valle 97f.
Palacio del Segundo Cabo 29
Panamerikanische Spiele 1991 145
Papst Benedikt XVI. 149
Parque Calixto García 158
Parque Central 30f., 35, 42, 50, 70, 72
Parque Céspedes 30f., 140, 142, 144, 159
Parque Nacional de Cayo Guillermo e Santa Maria 78
Parque Serafín Sánchez 111
Parque Vidal 101
Parrandas Remedianas 78f.
Pasei del Prado 94, 97
Pass Alto del Coltillo 132
Pelikan 70, 76, 77
Picasso, Pablo 59
Pico San Juan 110
Pico Turquino 153
Piedra, Eugenio 35
Pilón 152
Pinar del Río 54, 56, 58ff.
Playa Blanca 153
Playa del Perro 76
Playa Esmeralda 126f.
Playa Girón 92f.
Playa Lindamar 91
Playa los Piños 76
Playa Pesquero 126
Playa Pilar 78, 82, 85
Playa Rancho Luna 96f.
Playa Santa Lucia 120f.
Playa Serena 121
Playa Sevilla 153
Playa Sirena 88, 90f.
Playas del Este 72, 75
Playas las Coloradas 154f.
Plaza de Armas 26, 29, 31, 42, 96
Plaza de la Catedral 26, 29
Plaza de la Revolución 36, 38f., 145, 175
Plaza Mayor 102, 104, 106f.
Pulitzer-Preis 43
Punta Blanca 122
Punta del Gato 122

Radiosender CMQ 134
Ranchon Los Alemandras 110
Rayneri 35
Reggaeton 73, 142
Reiher 77
Remedios 78f., 101
Revolution 22, 25, 28ff., 38, 40, 45, 48, 62, 70, 72, 87, 100f., 111, 132, 142, 143, 144, 149
Rivera, Diego 58
Riviera del Caribe 152
Rondán y Rodríguez, Francisco 158
Roosevelt, Franklin D. 39
Roussous, Demis 134
Rum 14, 17, 22, 39, 43, 48, 59, 90, 105, 118, 145
Rumba 46, 49

Salsa 19, 31, 105, 127, 142, 159
Salto de Caburní 110
San Francisco de Asis 102
San Vincente 57
Sancti Spíritus 107, 111
Santa Clara 85, 92, 100f., 110
Santa Lucia 57
Santería-Religion 50, 148
Santiago de Cuba 28, 115, 118, 120, 140f., 144f., 148
Sartre, Jean-Paul 43
Schildkröten 77, 91
Schweinebucht 64, 92
Seeger, Pete 134
Segundo, Compay 143
Siebenjähriger Krieg 50
Sierra de los Órganos 56
Sierra del Escambray 106f., 110
Sierra Maestra 144f.,148, 150, 152f.
Sinatra, Frank 45, 48
Sklavengemeinschaft 50
Sofia von Spanien 39
Son 31, 127, 143
Soroa 61
Spanisch-Amerikanischer Krieg 43, 148
Stein, Gertrude 59

Tabak 17, 52, 54, 56ff., 74f., 107, 145
Tafelberg El Yunque 132f.
Taino-Dorf 77, 127
Taino-Indianer 122, 127
Tauschhandel 153
Teatro Garcia Lorca 30
Teatro Principal 119
Tocororo 76f.
Tomás-Terry-Theater 94, 97
Topes de Collantes 101, 107, 110
Tortuga 91
Tracy, Spencer 43
Trinidad 101ff.
Trinidad de Cuba 104, 107
Triumphbogen 96
Tropicana 48
Tumba, Francesca 104
Tuxpan 154
Twain, Marc 58

Valle de la Prehistoria 139
Valle de las dos Hermanas 56
Valle de los Ingenios 107
Valle de Viñales 52f., 57
Varadero 48, 63ff., 85, 120, 126
Vedado 22, 28, 31, 38f., 44f., 51
Velázquez de Cuéllar, Diego 106, 118, 130, 142
Villa San Cristóbal de la Habana 28
Villa Santo Domingo 153
Viñales 52ff., 159
Virgen de la Caridad del Cobre 146, 148
Vista Alegre 142
Vuelta Abajo 58f.

Zapata, Orlando 128f.
Zapata-Sperling 86
Zigarren 17, 54, 58, 59, 60, 142
Zuckerrohr 97, 107, 156

Impressum

Der Dank des Fotografen Holger Leue (www.leue-photo.com) gilt dem Reiseveranstalter avenTOURa (www.aventoura.de) für die großzügige Unterstützung und logistische Hilfe. Besonderer Dank gilt Gabriele Mayer vom avenTOURa-Büro in Freiburg, Zaida Alvarez und ihrem Team vom avenTOURa-Büro in Havanna sowie der Reiseleiterin Evelin Wiemann in Havanna. Muchas gracias!

avenTOURa.de
Mein Reisespezialist für Cuba!

Verantwortlich: Marianne Huber
Redaktion: Linde Wiesner
Layout: Mediaservice Rudi Stix
Korrektorat: Viola Siegemund
Repro: LUDWIG:media
Umschlaggestaltung: Studio Schübel
Kartografie: Astrid Fischer-Leitl
Herstellung: Anna Katavic
Printed in Italy by Printer Trento

★★★★★
Sind Sie mit diesem Titel zufrieden? Dann würden wir uns über Ihre Weiterempfehlung freuen.
Erzählen Sie es im Freundeskreis, berichten Sie Ihrem Buchhändler, oder bewerten Sie beim Onlinekauf.
Und wenn Sie Kritik, Korrekturen, Aktualisierungen haben, freuen wir uns über Ihre Nachricht an Bruckmann Verlag, Postfach 40 02 09, D-80702 München oder per E-Mail an lektorat@verlagshaus.de.

Unser komplettes Programm finden Sie unter
www.bruckmann.de

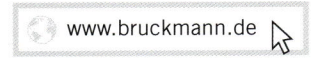

Alle Angaben dieses Werkes wurden vom Autor sorgfältig recherchiert und auf den neuesten Stand gebracht sowie vom Verlag geprüft. Für die Richtigkeit der Angaben kann jedoch keine Haftung übernommen werden.

Bildnachweis:

Alle Bilder des Innenteils und des Umschlags stammen von Holger Leue, außer:

Ingolf Pompe: S. 2/3, 9 u.li., 19o., 21, 39u., 42 o.re., 48re., 56o., 57o., 60, 63, 67, 69u., 71o., 72, 80/81, 108/109, 115u., 117, 118, 119u., 140, 143 (2), 146, 147;
Kaj Simon: 23 (2), 24 (2), 25 o.re., 38u. (2), 44li., 74, 101u.;
Roland E. Jung: 120, 121o.;
avenTOURa: 88, 90o., 91o., 110;
Fotolia: 59o. (Rocha), 62 (Tim HvW), 79u. (Schoettler, C.), 119o. (grthirteen), 121u. (Gorden);
Picture Alliance: 78 (Baker, C./Lonely Planet Images), 87, 89, 90u. (Waßerführer, F.);
Shutterstock: 8/9o. (MIGUEL GARCIA SAAVEDRA), 39o. (merc67), 77o. (Alexander Zam), 162/163o. (Kamira)

Umschlag:

Vorderseite, v. o. n. u.: Abendstimmung im Nationalpark Valle de Viñales (Mauritius Images/Keren Su/China Span/Alamy), Plaza Mayor mit der Kathedrale der Heiligen Dreifaltigkeit in Trinidad (Huber Images/Reinhard Schmid), kubanische Strandidylle (Shutterstock/fotofactory)

Rückseite oben, v. l. n. r.: Blick auf Havannas abendlich erleuchteten Malecón, Einheimische in Havanna, Havannas berühmt-berüchtigtes »Tropicana«, unten: Oldtimer in Havanna;
Klappe vorne: Tabakbauern bei der Feldarbeit im Valle de Viñales;
Klappe hinten: Strand Playa Esmeralda, Guardalavaca, Holguin

Vorsatz: Junge Salsatänzer an der Playas del Este bei Havanna (Ingolf Pompe);
Hintersatz: Bootstour bei Guama auf der Zapata-Halbinsel

Die Deutsche Nationalbibliothek verzeichnet diese Publikation in der Deutschen Nationalbibliografie; detaillierte bibliografische Daten sind im Internet über http://dnb.d-nb.de abrufbar.

Aktualisierte Neuauflage
© 2017, 2011 Bruckmann Verlag GmbH, München
ISBN 978-3-7654-5596-4

Ebenfalls erschienen ...

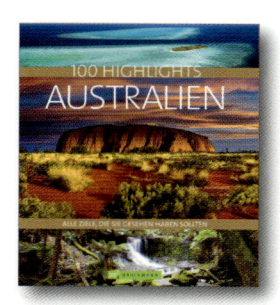

ISBN 978-3-7343-2391-1 (100 Highlights Australien)

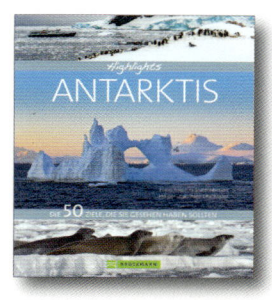

ISBN 978-3-7343-0857-4 (Highlights Antarktis)

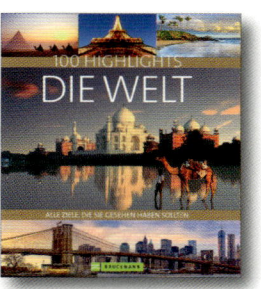

ISBN 978-3-7343-0797-3 (100 Highlights New York)

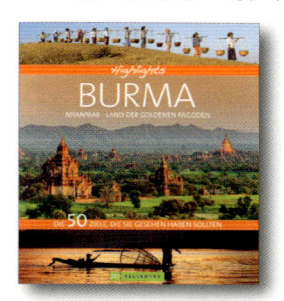

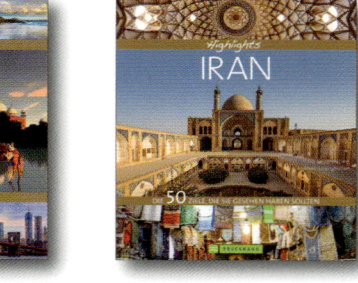

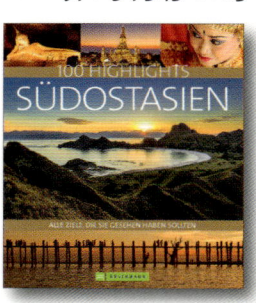

ISBN 978-3-7343-0665-5 (Highlights Burma)

ISBN 978-3-7654-6120-0 (100 Highlights Die Welt)

ISBN 978-3-7343-0663-1 (Highlights Iran)

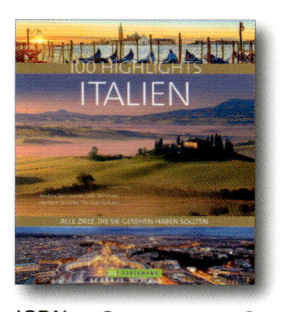

ISBN 978-3-7343-1028-7 (100 Highlights Italien)

ISBN 978-3-7343-0659-4 (100 Highlights Südostasien)

100 Highlights Deutschland
978-3-73433-0147-6

100 Highlights Englands Süden
978-3-7343-0650-1

100 Highlights Europa
978-3-73433-0146-9

100 Highlights Kanada
978-3-7654-8780-4

100 Highlights Skandinavien
978-3-7343-0652-5

100 Highlights USA
978-3-7654-8227-4

Highlights Andalusien
978-3-7654-5599-5

Highlights Bayern
978-3-7654-6777-6

Highlights Brasilien
978-3-7654-6121-7

Highlights Chile · Argentinien
978-3-7654-6031-9

Highlights China
978-3-7654-4830-0

Highlights Dresden
978-3-7654-6776-9

Highlights Frankreich
978-3-7654-5368-7

Highlights Gardasee
978-3-7654-6772-1

Highlights Hamburg
978-3-7654-5831-6

Highlights Hurtigruten
978-3-7343-0616-7

Highlights Island
978-3-7654-6497-3

Highlights Israel
978-3-7654-5598-8

Highlights Istanbul
978-3-7654-6180-4

Highlights Japan
978-3-7654-6495-9

Highlights Kambodscha Laos
978-3-7343-0664-8

Highlights Karibik
978-3-7654-4869-0

Highlights Kuba
978-3-7654-5596-4

Highlights Madeira
978-3-7343-0927-4

Highlights Mallorca
978-3-7654-5465-3

Highlights Marokko
978-3-7654-8783-5

Highlights Namibia
978-3-7654-5143-0

Highlights Neuseeland
978-3-7654-4750-1

Highlights Nordsee
978-3-7343-0649-5

Highlights Norwegen
978-3-7654-4827-0

Highlights Oman & Dubai
978-3-7654-6032-6

Highlights Peru
978-3-7654-5436-3

Highlights Portugal
978-3-7654-5533-9

Highlights Provence
978-3-7343-1030-0

Highlights Russland
978-3-7654-5600-8

Highlights Sardinien
978-3-73433-0332-6

Highlights Schweden
978-3-7654-4973-4

Highlights Schweiz
978-3-7654-5872-9

Highlights Sizilien
978-3-7654-5880-4

Highlights Südafrika
978-3-7654-6496-6

Highlights Südtirol
978-3-7654-6775-2

Highlights Sylt
978-3-7654-6179-8

Highlights Thailand
978-3-7654-5863-7

Highlights Toskana
978-3-7654-5843-9

Highlights USA Der Westen
978-3-7654-5758-6

Highlights Vietnam
978-3-7654-5144-7

Welterbe – Deutschland, Österreich, Schweiz
978-3-7654-8402-5

Highlights Bodensee
978-3-7343-0646-4

Highlights Franken
978-3-7654-8969-3

Highlights Oberbayern
978-3-7343-0643-3

BRUCKMANN
www.bruckmann.de